i libri di **terra** santa

7

T0161646

*Per informazioni sulle opere pubblicate
e in programma rivolgersi a:*

Edizioni Terra Santa
Via Giovanni Gherardini, 5 - 20145 Milano
Tel. +39 02 34592679
Fax + 39 02 31801980
http://www.edizioniterrasanta.it
e-mail: editrice@edizioniterrasanta.it

Gerusalemme

Dove tutti siamo nati

a cura di
Giuseppe Caffulli
Carlo Giorgi

edizioni terra santa

Copertina di Elisabetta Ostini
(foto di © Vividvic/Shutterstock)

Finito di stampare nel marzo 2016
da Corpo 16 s.n.c. - Modugno (Ba)
per conto di Fondazione Terra Santa

ISBN 978-88-6240-395-5

Introduzione

Qualche anno fa, inaugurando questa collana dedicata ai "Libri di Terrasanta", pubblicavamo una serie d'interviste a personalità del mondo ecclesiale e della cultura sul loro rapporto con Gerusalemme e la Terra Santa. Oggi proponiamo una nuova serie di colloqui (nati dal lavoro giornalistico della nostra rivista) che ugualmente offre al lettore uno sguardo sulla realtà dei Luoghi Santi e del Medio Oriente (sempre più toccato dalla violenza e attraversato da cambiamenti epocali). Un contesto nel quale, come insegna Papa Francesco, è sempre più necessario lavorare per la pace e per «custodire le ragioni della speranza». Perché «la pace è dono di Dio, ma affidato a tutti gli uomini e a tutte le donne, che sono chiamati a realizzarlo» (Messaggio per la Giornata della pace 2016, n.1).

Le personalità interpellate, ciascuna con la propria angolatura, cercano di interpretare la tensione per la pace sempre presente nel cuore di chi ama la Terra Santa e raccolgono con forza l'invito al dialogo che il Santo Padre ha cercato di comunicare nel corso della sua visita in Terra Santa, del maggio 2014. Un atteggiamento che si fa ascolto e apertura verso le ragioni dell'altro.

Il puzzle di voci (non solo cristiane) che ne esce è quanto mai variegato e stimolante: si va dalle testimonianze di scrittori del calibro di Dominique Lapierre ad artisti quali Andrea Bocelli, Moni Ovadia o Ermanno Olmi; per passare a personalità come mons. Giancarlo Bregantini, mons. Bruno Forte o don Antonio Mazzi. Ciascuno capace di sottolineare un aspetto particolare nel rapporto con i Luoghi Santi, una «nota» originale nella sinfonia della fede che risuona a Gerusalemme.

Ne esce un «poliedro di umanità» unico. «Mi piace immaginare l'umanità come un poliedro – ha spiegato in una delle sue catechesi Papa Francesco –, nel quale le forme molteplici, esprimendosi, costituiscono gli elementi che compongono, nella pluralità, l'unica famiglia umana» In queste pagine, in fondo, potete trovare l'immagine dell'unica famiglia umana sognata da Papa Francesco. Una famiglia speciale, però, unita dal desiderio di guardare a Gerusalemme.

Comune denominatore di tutte le interviste sembra essere l'invito «a vincere l'indifferenza per conquistare la pace». Guardando alla Terra Santa e al Medio Oriente d'oggi, si coglie con estrema facilità quale portata abbiano le parole di Papa Francesco. Oggi le regioni del Medio Oriente, dove si trovano i Luoghi Santi della salvezza cristiana, sono distrutte dall'indifferenza verso la dignità dell'uomo, dei suoi diritti fondamentali e della sua libertà. Il germe del fondamentalismo (di qualsiasi matrice), cancella la cura verso il fratello e bestemmia Dio in nome di una ideologia. Altra strada non ci può essere, per evitare il baratro, se non quella della conversione del cuore e di un affidamento alla misericordia che «è il cuore di Dio. Perciò dev'essere anche il cuore di tutti coloro che si riconoscono membri dell'unica grande famiglia dei suoi figli; un cuore che batte forte dovunque la dignità umana – riflesso del volto di Dio nelle sue creature – sia in gioco».

Ascoltare le riflessioni, le testimonianze e le mozioni d'affetto verso la Terra Santa dei nostri interlocutori, la loro comprensione delle dinamiche che la toccano (e a volte, ahimé, la turbano), può allora essere utile per mettersi in sintonia con quel cuore che «batte forte», ovunque, per la dignità umana. E con quella visione di «Chiesa in uscita» che il Papa non smette di indicarci, e nel quale si riflette il volto di Cristo che è Misericordia.

Giuseppe Caffulli
Direttore di *Terrasanta*

Nota dell'Editore

Le interviste che abbiamo scelto sono state pubblicate in un periodo di sei anni, dal 2010 al 2016. E ogni intervista mantiene la carica di trepidazione e speranza del preciso momento storico in cui è stata rilasciata. Così, ad esempio, quando Moni Ovadia, intervistato nel 2010, parla del problema della sicurezza lo fa denuncuiando i mille recenti morti israeliani del conflitto con il mondo arabo. Ma ancora non sa che il conflitto non si è purtroppo fermato; e della spirale di morte che si è aggravata con gli attacchi militari su Gaza del 2012 e del 2014. Allo stesso modo il rabbino Abraham Skorka, l'amico argentino di Jorge Maria Bergoglio, nella sua intervista pubblicata su *Terrasanta* nel 2013 esprime la speranza che il nuovo Papa possa contribuire in qualche modo al dialogo ebraico – cristiano... e ancora non sa che, pochi mesi dopo, il Pontefice farà lo storico gesto di invitare lui, amico ebreo, e Omar Ahmed Abboud, un amico musulmano, ad accompagnarlo in pellegrinaggio a Gerusalemme.

In questo senso le interviste – di cui di volta in volta spiegheremo con una nota il particolare contesto storico – possono essere lette in controluce: vi si riconoscerà la presenza della speranza mai spenta della famiglia umana, speranza che si interroga di fronte alla cronaca, ai fatti della storia avvenuti e annunciati. Speranza che non si stancherà mai di chiedere la pace per Gerusalemme.

Moni Ovadia

Moni Ovadia nasce a Plovdin, in Bulgaria, nel 1946, da una famiglia sefardita, greco-turca da parte di padre e serba da parte di madre. Negli anni Quaranta si trasferisce con i suoi a Milano, dove studia e muove i primi passi artistici, a partire dagli anni Settanta, sviluppando una forma inedita di concerto teatrale. Ovadia è un eclettico: sforna dischi di musica, libri, teatro. Tra gli spettacoli con cui Ovadia si è affermato al grande pubblico va ricordato *Oylem Goylem*, una creazione di teatro musicale in forma di cabaret, che dal 1993 – anno della prima – ha avuto circa un migliaio di repliche. Testi e musica degli spettacoli di Ovadia sono ricchi di umorismo ebraico e ispirati dalla secolare tradizione yiddish.

Il suo teatro musicale propone una lettura contemporanea di una tradizione antica, ed è unico nel suo genere, in Italia e in Europa. Di recente poi, Ovadia si è occupato in modo diverso dei due grandi blocchi del potere mondiale: nel 2005 esce *Es iz Amerike* un viaggio teatral musicale sull'epopea ebraica nella cultura e nello *show biz* statunitense. Mentre nel 2007 allestisce una coraggiosa *pièce* sulla fine del comunismo, *La bella utopia*, dove intreccia la drammaticità degli eventi storici con un umorismo urticante. Tra i molti riconoscimenti ricevuti durante la sua carriera, Ovadia ha ottenuto il Premio Amelia (2000), il Premio Palmi (2002), il premio Govi (2003). Gli è stata conferita la *laurea honoris causa* in Filosofia dell'università di Pavia (2005) e in Scienze della comunicazione dell'Università per stranieri di Siena (2007).

L'intervista è stata pubblicata nel gennaio-febbraio 2010

Da stranieri nella terra di Dio

Intervista di Carlo Giorgi

«Siamo in Israele, un nonno passeggia tra gli ulivi con il suo nipotino. A un certo punto indica un ulivo secolare e dice: "Vedi Moshé? Questo albero l'ha piantato tuo nonno"». *Kippah* blu sul capo, sguardo tagliente, una marea inesauribile di storie e di ragionamenti che si susseguono. Al grande tavolo di legno da cucina, di fronte a due caffè, Moni Ovadia, uno dei più prestigiosi e popolari autori di teatro musicale ispirato alla cultura *yiddish*, cerca di spiegarmi alla sua maniera cosa pensa della Terra Santa: «Poi il nonno indica una vecchia casa colonica – continua Ovadia –: "Vedi? Questa casa l'ha costruita tuo nonno". Camminano ancora e trovano un trattoro che si inerpica. "Vedi?, dice l'anziano, questa stradina che va agli ulivi l'ha costruita tuo nonno". Il bambino alza gli occhi e dice: "Scusa nonno, una volta tu eri arabo?"».

È amara la risata di Moni Ovadia, scomodamente mai omologata e libera da qualsiasi obbligo di parte. In ogni caso, piena di apprensione per le sorti della terra dei tre grandi monoteismi. Mentre parla, recita, si infiamma; la sua decisa cadenza milanese tradisce l'appartenenza alla città che lo ha accolto da bambino, alla fine degli anni Quaranta, dove la famiglia sefardita degli Ovadia si trasferisce da Plovdin, in Bulgaria. E il giovane Moni negli anni diventa, spettacolo dopo spettacolo, uno dei protagonisti della scena artistica italiana. «La Terra Santa: quello è davvero un posto speciale – ammette –. Ci sono andato per la prima volta nel '66 e poi sono tornato dopo anni e anni. Oggi, purtroppo, quando ci vado non mi sento a mio perfetto agio. Colpa dei fanatismi che laggiù hanno preso piede».

Cos'è per Moni Ovadia la Terra Santa?

Cominciamo con il dire che io preferisco a Terra Santa il termine «Terra di santità» o «Terra del Santo». È una terra la cui destinazione è di costruire santità. Il Santo Benedetto dice infatti nella Bibbia: «Sarete santi perché io sono santo». Costruire santità significa allora perseguire *l'imitatio Dei*, evitando di cadere nella luciferina tentazione della *substitutio Dei*; infatti esiste sempre la tentazione di dire: so io quello che dice Dio! Invece la verità appartiene solo a Dio, se Dio esiste. La terra dunque non è di per sé santa. Il problema semmai è come perseguire la santità. Secondo me è ben espresso nel *Levitico*, quando viene annunciato il giubileo ebraico. Qui, il Santo Benedetto dice una delle frasi che io preferisco: egli dice infatti che la terra è sua e non è degli uomini.

E questo cosa comporta?

È come dire che chi vuole vivere in Terra Santa deve sapere che è ospite, e comportarsi da ospite, non da padrone. Qualcuno invero sostiene che la Terra sia stata donata; ma se fosse stata donata, perché il Santo Benedetto dovrebbe ripetere continuamente «la terra è mia»? Io non credo che sia donata nel senso che tu ne sei proprietario, perché nel *Levitico* è detto: la terra non verrà venduta in perpetuità. In effetti il giubileo ebraico prevedeva che tutti gli incrementi di terra ottenuti attraverso le dinamiche del mercato, venissero azzerati ogni 50 anni. La terra veniva riassegnata, era una sorta di «rivoluzione permanente», come diceva un noto rabbino anarchico. Incrementare la terra può produrre ricchezza; ma bisogna sapere che dopo 50 anni tutto ritorna secondo l'equilibrio originario. Ad un certo punto nell'annuncio del giubileo è detto: «Tu abiterai in questa terra come *Gher Toshav*», che può essere tradotto come «residente soggiornante»; ma la parola *gher* è anche la parola che la lingua santa usa per «straniero». Quindi tu, ebreo, devi vivere in quella terra come «straniero soggiornante». Allora, forzando un po' il testo, la dignità di risiedere te la dà il fatto di essere straniero. Quindi dovresti vivere da straniero in quella terra. Il comandamento più ripetuto nella *Torah* è: ama lo straniero come te stesso, ricordati che fosti straniero in terra d'Egitto. Alla fine dell'annuncio poi si dice: voi davanti a me, dice il Santo Benedetto, siete tutti stranieri soggiornanti. Allora si potrebbe concludere che la terra è santa se tu ci vivi da straniero tra gli stranieri.

Lei cita spesso un detto chassidico, secondo cui lo Spirito Santo splende di più quando il popolo è in esilio, proprio perché vive nella condizione di straniero.

Lo affermava il grande Magghid di Meseritch, riferendo un detto di uno dei più grandi maestri di chassidismo, allievo di Baal Shem Tov. La grande sfida è proprio riuscire a vivere come stranieri in casa propria. Una psichiatra bulgara, Julia Kristeva, afferma che lo straniero non è né la redenzione in cammino, né il messia che annuncia il suo arrivo, né l'individuo pericoloso da eliminare per pacificare il gruppo. Stranamente lo straniero ci abita. È la parte più oscura di noi, è la parte meno conformista, è colui che ci sollecita a rimetterci in cammino. E abbiamo paura dello straniero perché entra in risonanza con una parte oscura che è in noi. Del resto, abbiamo costruito il mito dell'Occidente su uno che ha proprio il mito di farsi straniero, Ulisse. Se Ulisse fosse tornato a casa da Penelope senza farsi straniero nel suo peregrinare, non sarebbe diventato il mito fondante dell'Occidente. La condanna di Ulisse diventa invece il suo privilegio perché gli permette di conoscere. Tanto che Dante lo immagina partire nuovamente, perché non riesce a restare. Il mito dello straniero, che ci rimetterebbe in discussione e ci migliora, è quello che fonda l'Occidente. Ripudiandolo, noi ripudiamo noi stessi.

Secondo lei, in Terra Santa, quanto è condivisa questa prospettiva?

Siamo molto lontani da una santità di questo tipo. Si potrebbero trovare tanti, più sapienti di me, che affermano che quel che fa oggi Israele è una difesa del proprio territorio e un diritto. Io non la penso così. Lo Stato di Israele è uno Stato moderno e ha avuto il riconoscimento dell'Onu. Ma Israele disattende da oltre 40 anni due risoluzioni dell'Onu vincolanti, non solo consultive, esattamente la 242 e la 338 (che impongono a Israele di ritirare le sue truppe dai Territori occupati nel 1967 e nel 1973 – ndr). E questo è un problema di diritto internazionale. Inoltre, se c'è una cosa che secondo me è totalmente estranea alla *Torah* è proprio il nazionalismo. Esiste anche nell'ortodossia ebraica una linea minoritaria che non riconosce lo Stato di Israele perché lo ritiene blasfemo. Oggi come oggi, questa non è una terra di santità ma una terra in cui succedono cose inaccettabili. Il 60 per cento del popolo palestinese vive in «prigione», perché la Cisgiordania è una prigione a cielo aperto, e l'altro 40 per cento in una «gabbia»... Da Gaza gli israeliani se ne sono andati, è vero, solo che hanno blindato i confini. Detto questo, la pioggia di missili che arrivano da Hamas è illegale e criminale. Siamo di fronte a due crimini che si contrappongono.

Dal punto di vista politico quale le sembra la soluzione più accettabile?

La sicurezza è un problema serio, Israele negli anni ha avuto mille morti, è come se noi italiani ne avessimo avuti 12 mila (vedi nota dell'editore a pagina 7 – ndr). Quindi non si tratta di uno scherzo. Però la sicurezza viene pervertita come strumento di propaganda. Come la paura. Io sostengo la soluzione «due popoli e due Stati» sulla cosiddetta Linea verde, perché (questo è quello che pensa il 99 per cento dei Paesi al mondo) quello è il confine. Purtroppo questa oggi è una terra dove si pratica ripetutamente l'ingiustizia, dove c'è violenza e dove la dignità dell'uomo è calpestata; basta leggere gli articoli di Amira Hass (giornalista israeliana che ha deciso di abitare nei Territori occupati, da dove scrive i suoi reportage – ndr). Amira è l'unica giornalista israeliana che conosce quello di cui parla perché lo vede coi suoi occhi, vive tra la gente nei Territori occupati: le mille micro e macro vessazioni che subiscono i palestinesi, come la sottrazione dell'acqua o l'espropriazione di Gerusalemme Est, sono atti ingiustificati che nulla hanno a che vedere con la sicurezza di Israele.

L'umorismo le permette di affrontare temi anche difficili nei suoi spettacoli. Quanto oggi la società israeliana riesce a ridere di sé?

Gli israeliani sanno ridere ferocemente, fino all'autodelazione, quando vogliono. Ci sono pregiudizi che gravano sull'umorismo; si pensa che sia una cosa leggera ma non è così. Ho visto su un sito la testimonianza di un sopravvissuto alla *Shoah* che dice: «Non mi ha salvato la fortuna, mi ha salvato la mia capacità di ridere». Per farle capire cos'è l'umorismo ebraico le racconto una storiella che spiega tutto dello stalinismo. Durante il regime sovietico, in una città russa, Yanka Rabinovich si sveglia nella sua *komunalka*, una casa collettiva dove ogni famiglia aveva una stanza a disposizione. Si alza dal suo letto e si mette in fila per andare in bagno. È undicesimo della fila, con il suo spazzolino e il bicchiere. Alla fine tocca a lui. Contrariamente a quello che ci si aspetterebbe, va diretto verso lo specchio, che è in pessime condizioni: ossidato, pieno di graffi, macchie, sudiciume, scrostato. Trova un pezzettino di specchio integro, guarda la sua immagine, la fissa dritto negli occhi e le dice: «È inutile che ci prendiamo in giro: uno di noi due è un delatore». Capisce cos'è l'umorismo ebraico? È una luce folgorante di filosofia del paradosso che illumina la stupidità del mondo.

Quali segni di speranza si possono vedere oggi in Terra Santa?

Israele è un Paese democratico, anche se a volte si comporta nei confronti dei palestinesi non democraticamente. Però per osmosi i palestinesi imparano molte cose. Infatti diventano sempre più scomodi per il mondo arabo. E io credo che l'evoluzione non possa che andare in questo senso. Israele ha due alternative se non vuole finire in un vero e proprio *apartheid*: o riconosce la soluzione «due popoli e due Stati», secondo gli accordi di Ginevra, con il confine posto sulla Linea verde, con Gerusalemme capitale dei due Stati, e un'equa compensazione dei profughi. Altrimenti, come ha affermato lo stesso Ehud Olmert, ex primo ministro israeliano, sarà la fine per Israele. Purtroppo nella società civile israeliana c'è una patologia: quella di credere che i servizi segreti possano risolvere ogni problema. Qualcuno, giustamente, ha detto invece: è meglio che ci diamo una regolata; viviamo in un mare di arabi e in un oceano di musulmani... Se si vuole ricreare il ghetto, sarà un ghetto armato e blindato ma davvero un triste posto. Noi aspettiamo che diventi invece una terra di santità. Ma sarà possibile solo attraverso la pace e la giustizia, perché pace e giustizia sono sinonimi.

Dominique Lapierre

Dominique Lapierre (30 luglio 1931). Ha dedicato gran parte della sua vita di scrittore a ricostruire grandi eventi del Novecento, in romanzi storici di grande presa narrativa e altrettanto scrupolo documentale. Sono nati così, a due mani con Larry Collins, *Parigi brucia?* (sull'occupazione nazista della Francia), *Gerusalemme, Gerusalemme* (sulla nascita dello Stato di Israele), *Stanotte la libertà* (sull'indipendenza dell'India). Da solo ha scritto altri *bestseller*: *La città della gioia, Più grandi dell'amore, Mille soli, Un arcobaleno nella notte.* Recentissimo è *India mon amour* (Il Saggiatore). Nel 1982 Dominique Lapierre e la moglie hanno fondato l'associazione *Action pour les enfants des lépreux de Calcutta* (www.citedelajoie.com), attraverso la quale sostengono 26 progetti di sviluppo e 14 organizzazioni umanitarie soprattutto in India, ma anche in Africa e America Latina: scuole, lebbrosari, pozzi, 4 battelli-dispensario, strutture per disabili. Anche in Italia esiste una onlus collegata ai Lapierre, la cui segreteria ha sede a Firenze in via Guicciardini 15 (tel. 055.28.97.37; www.citedelajoie.com). La fondazione garantisce che il 100 per cento delle offerte vada ai poveri, perché non ci sono spese di gestione.

L'intervista è stata pubblicata nel marzo-aprile 2011

Gerusalemme?
La gioia non abita qui

Intervista di Roberto Beretta

«Non voglio ritornare laggiù. Non voglio vedere la spartizione di quella terra magnifica, storica, divina»... È strano, per un guascone dall'ottimismo in genere travolgente come Dominique Lapierre, un responso così netto. Fa riflettere, visto che riguarda la Terra Santa e proviene da un giornalista e scrittore che ha dedicato ben quattro anni di indagini al momento più entusiasmante della storia dell'ebraismo moderno: la nascita dello Stato di Israele; avendolo poi descritto in un *bestseller* internazionale firmato – come (quasi) sempre – in tandem col «fratello di penna» americano Larry Collins: *Gerusalemme, Gerusalemme!*, uscito nel 1971, 50 milioni di lettori in 32 Paesi e un film. Tuttavia si tratta di un pessimismo che mostra le sue ragioni. Lapierre, oltre alla sua carriera di reporter di successo (ha seguito per lavoro eventi capitali nella storia del Novecento) e di autore di almeno una decina di *bestseller* internazionali, ormai conta un trentennio di attività umanitaria soprattutto in India; a partire da quel libro, *La città della gioia* (1985), che – raccontando gli «eroi» di una *bidonville* di Calcutta – gli ha procurato una sorta di seconda vita sia come scrittore, sia come uomo.

Da allora infatti tutte le sue energie (e i suoi diritti d'autore) sono dedicate a sostenere una ventina di progetti di solidarietà per i bambini e i poveri

Ma Lapierre non ha certo dimenticato Gerusalemme; la città che – ha confessato una volta – è stata la prima tappa per il «risveglio spirituale» della sua stessa fede. Partiamo dunque dal principio...

Tutta la mia storia d'amore con Gerusalemme è cominciata con una *via crucis*: la strada che saliva da Tel Aviv a Gerusalemme. Erano gli anni Sessanta e all'epoca l'unica via che portava alla città santa era una strada molto stretta: la stessa percorsa dai crociati, da Saladino, dagli inglesi di Allenby nel 1917, insomma da tutti i numerosi conquistatori di Gerusalemme. Quando l'ho imboccata per la prima volta, a bordo di un taxi, ho notato lungo tutto il percorso un cimitero di camion calcinati, bruciati. Sulle portiere di ogni veicolo c'erano nomi scritti in ebraico. Ho chiesto meravigliato all'autista: «Ma che cos'è questa specie di cimitero metallico?». Lui allora ha fermato l'auto, si è girato verso di me e mi ha detto: «Lei non sa che cosa è successo qui la notte del 24 marzo 1948?». No, non ne sapevo nulla.

Nemmeno noi, lo confessiamo.

Allora mi ha raccontato la storia. Nel 1948 a Gerusalemme c'erano 100 mila ebrei, la frazione più santa della comunità giudaica mondiale, i discendenti del «resto d'Israele» che erano rimasti tra quelle mura da sempre, attraverso i secoli. Ma erano assediati dai guerriglieri palestinesi di Adb el-Kader el-Husseini e rischiavano di morire di fame e di sete. Per sfuggire a quella morsa, David Ben Gurion (il leggendario «padre» dello Stato di Israele, che però sarebbe sorto solo 4 mesi più tardi) fece requisire tutti i camion che aveva potuto trovare nella regione giudaica, li caricò con acqua, zucchero, farina, albicocche e ogni genere di soccorsi, mobilitò degli autisti e la notte del 24 marzo 1948 un convoglio di 350 camion si incamminò verso Gerusalemme. Ma i guerriglieri arabi ne erano al corrente e avevano preparato un'imboscata: tutto il convoglio fu bruciato, tutte le provviste rubate e tutti i conducenti assassinati. Per questo erano state lasciate quelle carcasse: come testimonianze dell'inferno.

Una storia incredibile.

Infatti quel giorno, salendo verso la città santa, già pensavo che sarebbe stata l'argomento del mio nuovo libro. Immaginate: i protagonisti di quel convoglio spesso erano gli stessi superstiti delle camere a gas, ebrei sfuggiti alla *Shoah* che avevano attraversato l'Europa a piedi e si erano imbarcati su battelli clandestini per arrivare finalmente nella Terra promessa, e poi erano partiti in missione per salvare i fratelli di fede minacciati di distruzione... Poche ore dopo chiamavo al telefono Larry Collins, che era in America, annunciandogli di aver trovato il nostro soggetto; lui è saltato sul primo aereo. Sono seguiti quattro anni di inchiesta, intervistando più di 1.200 protagonisti – in Israele, nel mondo arabo, in America – di quella monumentale pagina della storia del nostro tempo. Ed è nato *O Jerusalem*.

> *Un titolo enfatico, che dice stupore. Lei peraltro ha più volte fatto eco ai salmi e ai profeti, descrivendo in libri e articoli Gerusalemme come «la regina delle città», una «capitale spirituale impregnata dalla presenza divina», un «prodigioso spettacolo», chiamandola addirittura «amore mio». Ha scritto di aver percepito che «Dio è vivo a Gerusalemme, iniziando dalla valle di Josafat, lungo le mura dove – si dice – le trombe del giudizio universale squilleranno alla fine del mondo»...*

È proprio la prima impressione che ho avuto, uno *choc* fantastico. L'autista di quel taxi, infatti, ebbe la buona idea di salire fino al Monte degli Ulivi e di lasciarmi là. Era forse l'una del pomeriggio di un venerdì ed ho potuto assistere così a uno degli spettacoli più straordinari che a un uomo possa capitare: l'identificazione di una visione con una città tre volte santa. Migliaia di musulmani uscivano dalle moschee, dopo la preghiera del venerdì, e le stradine brulicavano di colori. Poche ore più tardi, quando il sole già si coricava dietro le colline di Giudea, era invece l'inizio dello *Shabbat* e migliaia di ebrei arrivavano dai quartieri della città nuova (si era appena dopo la Guerra dei sei giorni, nel 1967, e la città era stata riunificata) per precipitarsi verso il Muro Occidentale; un nuovo spettacolo, la Gerusalemme santa giudea. A cui poi ha fatto seguito il concerto delle campane che suonavano l'*Angelus* serale dei cristiani! Da bambino ero cresciuto con la Bibbia e ora mi ritrovavo d'improvviso nei luoghi dove tutto si era svolto... Credevo di essere alla porta del paradiso».

Però, subito dopo, lei nota anche: «In nome di Dio quanti sacrifici erano stati imposti a quella città nel corso della sua lunga storia! 17 volte distrutta, 17 volte risorta»... Ancora oggi, davanti a Gerusalemme ci si chiede se sia città dell'unità o della divisione, un problema o una chance per il mondo.

Ogni volta che scoppia una bomba in Israele o in Palestina, io piango. Sono molto pessimista per il futuro. Quando si parla a un ebreo ortodosso e costui spiega che quell'ulivo non può crescere che lì, perché si trova sulla terra donata da Dio ai suoi figli; quando poi ci si rivolge a un palestinese, il quale afferma che Maometto è partito proprio da quella roccia verso il cielo... Entrambi sono feroci nel loro antagonismo e per questo sarà sempre molto, molto difficile. Che sfortuna che Israele e Palestina non abbiano un Nelson Mandela, un uomo dotato di una visione distaccata, generosa, per condurli finalmente alla pace! Ognuno che cerchi la pace laggiù viene assassinato: Sadat, Rabin... È terribile.

Nel suo libro, 40 anni fa, lei sembrava più ottimista. Infatti narrava la vicenda di due giovani amici – uno ebreo, l'altro musulmano – che rientrano nella terra dei loro padri e si ritrovano su fronti opposti: uno nell'esercito israeliano, l'altro nelle milizie arabe.

Infatti all'epoca eravamo rimasti colpiti, in numerosi incontri, dalla scoperta di ebrei e palestinesi che riuscivano a convivere pacificamente, negli stessi quartieri, sulla medesima terra... Vede, anch'io sono un figlio della guerra. Se nel 1942, quando avevo 11 anni, mi avessero domandato: «Credi che un giorno Francia e Germania faranno la pace?»; beh, dopo il fiume di sangue e i milioni di morti tra l'una e l'altra, avrei risposto: «Mai!». Invece – e per fortuna! – non è stato così. Come mai? Perché nessun Dio aveva promesso l'Alsazia e la Lorena né alla Francia né alla Germania...

Che cosa vuol dire?

Ho un mio punto di vista; forse non è il più ortodosso, ma si è rinforzato dopo il mio libro sulla fine dell'*apartheid* in Sudafrica: negli eventi politici, quando l'uomo mescola Dio ai suoi problemi, tutto si complica. Se i popoli rivendicano a modo loro una paternità religiosa, divina, messianica, per far valere i loro obiettivi «in nome di Dio», stravolgendone i messaggi e arrivando a fargli dire quello che vogliono, allora lo scontro si fa terribile. Guardate l'Irlanda del Nord: ogni volta che gli uomini trascinano Dio nei loro conflitti, la pace diventa più difficile.

Potrebbe sembrare un messaggio di scetticismo, di agnosticismo universale...

Attenzione, sono gli uomini a stravolgere il messaggio di Dio! Prendiamo il Sudafrica: l'*apartheid* era peggio del nazismo (fatte salve le camere a gas), eppure non è finito nel sangue. Un miracolo! Che un uomo come Nelson Mandela, dopo 30 anni di prigione, sia potuto tornare libero e dire al suo popolo, ai neri, ai bianchi, ai meticci come agli indiani: «Faremo tutti insieme una nazione arcobaleno», è uno dei maggiori regali della storia all'umanità. E perché si è potuto farlo? Perché nella lotta politica non c'era una dimensione divina. Dio non aveva mai promesso il Sudafrica ai bianchi piuttosto che ai neri, come è successo in Terra Santa. Non c'era una complicazione religiosa.

E tuttavia era bello che gli ebrei tornassero alla terra promessa.

Sì. Ma oggi un'opposizione di presunte volontà divine fa sì che i popoli si scontrino senza fine. Ora c'è anche il muro... Ho passato molto tempo a Berlino con Larry Collins, quando volevamo scrivere la storia del Muro negli anni Sessanta. Ma dopo quattro mesi d'inchiesta ero talmente sconvolto da ciò che rappresentava quella tragedia storica che abbiamo abbandonato. E adesso quel muro esiste a Gerusalemme! Non posso andare a Betlemme senza passare dei *check point*, senza attraversare muri in cemento... È folle. Non voglio ritornare laggiù. Non voglio vedere la spartizione di quella terra magnifica, storica, divina. Quello che è diventata oggi è orribile.

Che cosa vuol dire questo per lei, dal punto di vista religioso?

Gli uomini non sanno interpretare la parola d'umanità di Dio se non per servire i loro interessi particolari. Vorrei trovare una terra d'amore e per questo preferisco andare nelle *bidonvilles* di Calcutta dove, nella più estrema povertà, indù, musulmani e cristiani vivono insieme. Si vede la stessa volontà di arrivare a Dio attraverso sentieri differenti, senza cercare di nuocersi gli uni gli altri: come se la povertà avesse livellato tutte le condizioni sociali e persino religiose. È straordinario.

Giancarlo Bregantini

Giancarlo Maria Bregantini, nato a Denno, in provincia di Trento nel 1948, dopo gli studi nelle scuole della congregazione dei padri Stimmatini, ha frequentato lo Studentato Teologico Zenonianum di Verona e si è laureato presso la Pontificia Università Gregoriana. Dopo la professione perpetua nel 1974 è stato trasferito in Calabria, dove è stato ordinato sacerdote nel 1978. Sino al 1987 è stato vicario cooperatore nella parrocchia di S. Cruara a Crotone, delegato diocesano per la pastorale del lavoro, docente di storia della Chiesa nel seminario regionale di Catanzaro. Nello stesso periodo ha curato l'animazione spirituale degli obiettori di coscienza. Dopo l'esperienza di parroco a Bari, dove ha ricoperto diversi incarichi, nel 1994 è stato nominato vescovo della diocesi di Locri-Gerace. Dal 2007 guida l'arcidiocesi di Campobasso-Bojano; è presidente della Commissione episcopale della Cei per i Problemi sociali e il Lavoro, la Giustizia e la Pace. Negli anni trascorsi a Locri si è impegnato a fondo nella lotta alle mafie e per offrire ai giovani occasioni di riscatto, favorendo la costituzione di cooperative di lavoro e percorsi di formazione alla legalità. Di recente ha pubblicato *Un pastore tra terra e cielo. Conversazioni per una Chiesa in uscita* (Gabrielli Editori, 2015).

L'intervista è stata pubblicata nel maggio-giugno 2011

Pellegrino nel giardino di Dio

Intervista di Cristina Uguccioni

Pastore molto attento ai problemi sociali e al mondo del lavoro, monsignor Giancarlo Bregantini, già vescovo di Locri-Gerace e dal 2007 arcivescovo di Campobasso-Bojano, ci racconta la sua Terra Santa, terra di dolore e speranza nella quale le orme di Cristo si intrecciano a quelle degli uomini.

«Sono stato diverse volte in Terra Santa: la prima nel 1987, quando ero un giovane prete, poi come vescovo di Locri-Gerace; successivamente andai con con *Pax Christi* e, alcuni anni fa, con i fedeli della mia attuale diocesi».

> *I pellegrinaggi in Terra Santa sono importanti per vivere con maggiore pienezza e intensità l'amicizia con Gesù. Lei con quale stile li ha vissuti?*

Il pellegrinaggio è una delle esperienze più belle che si possano fare, specialmente se viene vissuto al culmine di un cammino di fede maturato lentamente nell'ascolto della Parola. È un aiuto immenso sul piano spirituale poiché concretizza la Parola, la rende ancora più intensamente vera. Ma deve essere ben preparato e ben vissuto, ossia vissuto in stile sobrio, penitenziale: bisogna essere capaci di accontentarsi dell'essenziale senza pretendere né comodità né lussi, ed è importantissimo incontrare i luoghi del dolore di oggi. Può anche essere utile tenere un diario, da rileggere e meditare al ritorno. Le guide non devono essere enciclopedie ambulanti, non è necessario dire e spiegare tutto, più importante è far risuonare nel cuore dei pellegrini le parole di Gesù là dove Lui le pronunciò. Puntare sull'essenziale: questo è lo stile che io consiglio.

Cosa accadde in occasione del pellegrinaggio con Pax Christi?

Erano i giorni terribili e drammatici che videro coinvolta la basilica della natività di Betlemme (dal 2 aprile al 10 maggio 2002 – ndr). Come penso molti ricordino, un gruppo di palestinesi si rifugiò, armato, nella basilica sfuggendo ai colpi dell'esercito israeliano: i frati, nell'antica logica del diritto d'asilo, diedero accoglienza e parteciparono alle lunghe, complicate trattative.

Noi arrivammo a Betlemme pochi giorni dopo la conclusione di quel tragico fatto e vidi una realtà che mai avrei potuto immaginare: c'erano carri armati ovunque, una tensione fortissima, a Ramallah erano visibili ad ogni passo i segni della violenza. In quell'occasione incontrammo l'allora leader dei palestinesi, Yasser Arafat: fu un incontro «forte». Durante quel viaggio capimmo e sentimmo nel profondo quanto è dolorosa e tragica la divisione e l'incomprensione tra i popoli. È un viaggio che non ho dimenticato.

Quali riflessioni e quali preghiere nacquero in voi durante quei giorni?

Il popolo israeliano ha diritto ad avere una terra: è indubbio. Solo che l'ha ricevuta a danno dei palestinesi, che sono stati scacciati dalla loro terra e costretti a vivere in condizioni spesso umilianti. La mancata integrazione di questi due popoli ha dato il via a una spirale di violenza che ha assunto toni drammatici decennio dopo decennio. Noi abbiamo visitato alcune scuole palestinesi e un campo profughi, abbiamo raccolto la rabbia e la frustrazione di tanti palestinesi che non riuscivano ad accedere a Gerusalemme, una possibilità che oggi – con la costruzione del muro – è ancora più limitata. Ramallah – a una giornata di cammino da Gerusalemme – è il luogo dove Giuseppe e Maria si accorsero che Gesù, dodicenne, non era con loro e preoccupatissimi tornarono a Gerusalemme a cercarlo. Quando con *Pax Christi* visitammo Ramallah e unimmo l'angoscia di Maria e Giuseppe alla disperazione dei palestinesi di oggi, nacque in noi una preghiera struggente. Passato e presente si unirono in un unico intreccio di dolore e di invocazione al Padre.

Quali differenze ha riscontrato fra il pellegrinaggio vissuto quando era un giovane prete e quelli intrapresi in qualità di vescovo?

Direi che la differenza maggiore l'ho notata soprattutto fra il viaggio con *Pax Christi* e tutti gli altri. Un conto è andare in Palestina per compiere un pellegrinaggio tradizionale visitando i luoghi della vita di Gesù, un altro è andarci con gli occhi di *Pax Christi*, ossia di chi vuole capire i drammi di oggi. Un conto è visitare le basiliche, un altro è raccogliere il dolore delle persone che lì vivono. Chi partecipa a un pellegrinaggio in Palestina dovrebbe dedicare almeno un giorno a conoscere la realtà odierna, incontrando le persone, parlando e pregando con loro, cercando di comprendere i loro drammi.

Mi rivolgo a tutti coloro che stanno pensando di andare in Palestina: non siate solo amanti e custodi delle pietre antiche, siate anche capaci di vedere e capire i problemi del presente.

Qual è per lei il luogo simbolo di Gerusalemme?

Per me resta e resterà sempre il sepolcro vuoto: lì è stato posto Gesù, da lì è rinata la vita dopo la morte, da un sepolcro nuovo collocato in quello che allora era un giardino, come riferisce il Vangelo (Gv 19,41). Mi piace l'immagine del giardino: io la utilizzo spesso perché è una parola chiave della Bibbia, dalla *Genesi* all'*Apocalisse*. Nel cuore di quel giardino che oggi è la Palestina c'è il sepolcro vuoto, simbolo delle lacrime e della speranza, del dolore e della gioia della risurrezione.

In quali occasioni più spesso ricorre all'immagine del giardino?

Io la uso spesso quando mi rivolgo ai ragazzi e ai giovani: a loro mi piace proporre il verso di un poeta: «Senza cielo la terra si fa fango, con il cielo la terra si fa giardino». È proprio così: senza il cielo la terra resta il fango dal quale siamo stati tratti, ma con il cielo essa diventa quel giardino dove Dio ci ha posto e al quale siamo destinati. Tornando alla Palestina, io sono convinto che quella terra è davvero il luogo dove scopri di essere intessuto di terra, di fragilità, di dolore e divisione, ma allo stesso tempo è il luogo dove – molto più che altrove nel mondo – scopri il giardino con le sue bellezze: bellezze architettoniche, letterarie, archeologiche, paesaggistiche, spirituali. Noi siamo chiamati a essere custodi di questo giardino. Ma ogni terra, non solo la Palestina, è un giardino da custodire con amore e dedizione: penso ad esempio a Napoli, a come potrebbe splendere se venisse custodita e valorizzata.

È un'immagine che utilizza anche parlando del lavoro?

Sì: è importante dire a un giovane che inizia una qualsiasi esperienza professionale: «Tu lavori per rendere bello il giardino in cui sei chiamato a fiorire». L'uomo non lavora semplicemente per guadagnarsi la pagnotta, lavora per rendere bello il giardino e sbocciare come uomo. I giovani hanno bisogno di sentirselo dire, hanno bisogno di guardare la vita da questa prospettiva.

A suo giudizio vi è una qualche somiglianza tra le faide familiari che si sono registrate in alcune zone del nostro Paese e la spirale di violenza che da decenni insanguina la Palestina contrapponendo israeliani e palestinesi?

Sì, indubbiamente. La faida, in Calabria, è terribile e ha molte somiglianze con quanto avviene in Palestina. Ricordo una scena: un giorno come vescovo avevo cercato di gettare un seme di pace in una famiglia nella quale il marito era stato ucciso: d'un tratto la vedova si alzò di scatto e mi mostrò il giubbotto del marito sul quale erano visibili i fori dei proiettili. «Guardi questo giubbotto: vede come l'hanno ucciso? Io tutti i giorni dico ai miei figli: voi dovete vendicare vostro padre». Quei ragazzi stanno crescendo nella logica della vendetta, una logica simile a quella presente in Palestina. Purtroppo le mamme possono essere tragicamente coinvolte e addirittura alimentare la violenza.

Vuole rammentarci uno degli interventi pastorali che lei ha messo in campo per contrastare la spirale della violenza?

In Calabria, ad esempio, abbiamo riscoperto la forza e la bellezza di santa Rita, una donna che insegna a perdonare. La storia è nota: la sua famiglia fu coinvolta in una faida e quando capì che i suoi figli, entrambi maschi, coltivavano desideri di vendetta nei confronti di chi aveva ucciso il loro padre, lei – con una eroicità immensa – disse al Signore: «Piuttosto che vederli assassini preferisco che Tu li prenda con Te»; poco tempo dopo i due figli morirono, prima di macchiare di sangue le loro mani. La faida si spegne solo con l'amore e il perdono.

Durante i suoi pellegrinaggi in Terra Santa è stato testimone di qualche gesto di amore e di perdono particolarmente significativo?

Ricordo con commozione un episodio avvenuto nel corso del mio ultimo pellegrinaggio: un giovane palestinese era stato ucciso e i medici, in ospedale, chiesero ai suoi familiari il permesso di effettuare l'espianto del cuore in vista di un trapianto. I familiari domandarono a chi sarebbe stato destinato l'organo: a un signore ebreo, fu la risposta. Dopo un momento di gelo diedero il consenso all'espianto: «Abbiamo tutti un cuore, abbiamo tutti lo stesso cuore», dissero. Attualmente un signore ebreo vive grazie al cuore donato da un giovane palestinese. La vita ha vinto sulla morte, l'amore sull'odio.

Andrea Bocelli

Andrea Bocelli è nato a Lajatico (Pisa) nel 1958. I genitori lo incoraggiano fin dai 6 anni allo studio del pianoforte, che il bimbo associa presto alla passione per il flauto e il sax. Ma è la voce a rivelarsi un raro dono naturale. A soli 12 anni, lo stesso anno in cui perde definitivamente la vista, debole fin dalla nascita a causa di un glaucoma congenito, vince una gara canora con *O sole Mio*. Continua a studiare canto e si laurea in Legge. Diventa noto al grande pubblico nel 1993 mentre sostituisce Pavarotti nell'esecuzione di *Miserere* di Zucchero. Lanciato da Caterina Caselli, vince il Festival di Sanremo con *Il Mare calmo della sera* nel 1994. L'anno dopo si classifica quarto con *Con te partirò*, la canzone che gli dà notorietà internazionale nella versione con Sarah Brightman *Time to say good-bye*. Numerosissime le esecuzioni di opere liriche e di concerti. In meno di vent'anni ha venduto 70 milioni di dischi. Nel 2011, un concerto al Central Park, definito dal New York Times «l'evento musicale dell'anno», lo consacra come uno dei tenori più amati del mondo.

L'intervista è stata pubblicata nel gennaio-febbraio 2012

Canto i doni di Dio

Intervista di Manuela Borraccino

La cornetta del telefono rilancia una cascata di note dal pianoforte e un timbro inconfondibile che intona un solfeggio. Poi un breve silenzio. «Pronto!»: la voce di Andrea Bocelli arriva calda e cordiale dalla sua casa di Forte dei Marmi. «Stavo facendo lezione di canto al mi' figliolo», spiega mentre si allontanano i brusii dei figli Amos di 16 anni e Matteo di 14. Star musicale di calibro internazionale e uomo di profonda religiosità, Andrea Bocelli ha visitato più volte Israele e Palestina da quando, nel 1998, il maestro Zubin Mehta l'ha voluto nel ruolo di Rodolfo ne *La Bohème* di Puccini con la Israel Philarmonic Orchestra. Ed è tornato più volte sui luoghi che hanno visto l'incarnazione di quello che lui chiama il «regista»: solo Dio e i suoi disegni, dice, potevano condurlo da una fattoria della campagna toscana al trionfo sul palco del Central Park di New York, nel «concerto della vita» del 15 settembre del 2011. «Non credo in nessun modo al caso: il caso non esiste. Sono convinto che per ciascuno ci sia un destino e, per chi crede, che tutto quello che ci accade sia voluto dal buon Dio che guida i nostri passi, a volte in modo sorprendente, come ha fatto con me», dice.

Maestro, cosa l'ha condotta in Terra Santa?

Il mio primo viaggio risale al 1998, quando il maestro Zubin Mehta mi ha chiamato per il concerto e la registrazione de *La Bohème* a Tel Aviv ed in seguito tornai per registrare sempre con lui le *Arie verdiane*. Ho partecipato varie volte al Festival di Masada, un luogo straordinariamente carico di storia e di memoria. E poi ho viaggiato privatamente in diverse occasioni, ho portato i miei figli in un pellegrinaggio nel quale abbiamo visitato la Terra Santa, sostando a Betlemme a Gerusalemme, percorrendo la *Via Crucis* e soffermandoci al Muro del Pianto.

Che impressioni ha tratto da questi viaggi?

Sono una persona molto religiosa e se i Luoghi Santi mi sono sempre stati familiari lo devo sia ai miei genitori che mi hanno trasmesso la fede, sia alla mia maestra delle elementari, che tutti gli anni ci faceva l'intero racconto dell'Antico e del Nuovo Testamento. I Luoghi Santi perciò li conosco dai tempi della scuola, e visitarli per me è sempre un'esperienza forte. Quando ho l'opportunità di andarci non mi lascio mai sfuggire l'occasione.

C'è un luogo o un episodio al quale è particolarmente legato?

Si respira un'atmosfera speciale, che è difficile spiegare a parole: bisogna andarci, respirare quell'aria. Il fatto stesso che in pochi chilometri quadrati siano fiorite e convivano tre civiltà, tre fedi, che si parlino così tante lingue, è una dimensione toccante e che fa riflettere. Ai ricordi incancellabili dei concerti con il maestro Mehta si sommano quelli del mio personale percorso spirituale: posso dire che le emozioni più forti sono quelle che serbo dal cammino della *Via Crucis*, dall'aver ripercorso la Passione e la crocifissione.

Molti visitatori, per quanto scettici, cercano nei Luoghi Santi una traccia del Mistero. E lei?

Per me la fede non cela alcun mistero: si tratta piuttosto di una realtà tangibile. Socrate non ha mai scritto una riga, ma grazie ai *Dialoghi* di Platone diamo per scontato che sia vissuto. Allo stesso modo anche Gesù non ha scritto nulla di suo pugno ma quel che conta è il messaggio che ha lasciato. E qualcuno che ha consegnato quel messaggio deve esserci stato per forza: questa per me è una realtà che salta agli occhi. Quei Luoghi fanno rivivere tutto questo.

Dopo il Masada Concert, *nel giugno 2011, ha accompagnato il canto dei fedeli con il* Panis angelicum *nella Messa a San Salvatore, la parrocchia latina di Gerusalemme. Che cosa ricorda di quel giorno?*

La fortezza di Masada è un posto speciale: tutti avvertiamo la magia che trasuda dal luogo. Della Messa a San Salvatore ricordo la bellissima cerimonia, la suggestione di essere a Gerusalemme. Ma soprattutto ricordo la presenza della mia famiglia, dei miei figli: era la prima volta che visitavano da grandicelli la Terra Santa ed erano assolutamente consapevoli del valore dei luoghi che visitavamo. E anche questo per me è una gioia: trasmettere ai figli, tra tante altre cose, la dimensione religiosa. Perché i valori vanno seminati fin da piccini: con i figli non si può aspettare che diventino grandi.

> *Quali riflessioni ha tratto dai suoi viaggi a proposito del conflitto israelo-palestinese? E dalle stesse divisioni fra le confessioni cristiane?*

Penso che ad ogni sommo bene si appigli il sommo male: evidentemente in questi luoghi che sono sacri per le tre religioni monoteistiche il potere temporale ha posto i suoi lacci in modo da inquinare la bellezza e la purezza che da questi luoghi sono scaturite. Purtroppo questo è insito nella natura umana. Ma io penso che, se dopo 2000 anni, e nonostante tutto quel che accade nella Chiesa, la forza del cristianesimo continua ad affermarsi, è perché evidentemente è animata da un motore che trascende le debolezze degli uomini. La stessa cosa succede in Israele e Palestina: in mezzo ai grandi contrasti, e con le autorità religiose che offrono spesso uno spettacolo poco edificante, la forza di un messaggio che va al di là dei singoli individui continua a operare nella storia, e proprio nella Passione e risurrezione di Gesù Cristo ravvisiamo il senso di tante sofferenze.

> *Lei è uno dei massimi interpreti di arie sacre. Ci sono delle musiche in particolare che lei associa alla Terra Santa?*

Naturalmente quando sono entrato nel Santo Sepolcro
non ho pensato a nulla di tutto ciò. Tuttavia, certo, quando
sono a casa, mi vengono in mente quei luoghi: la musica
sacra costituisce un patrimonio culturale importantissimo,
i più grandi musicisti di tutti i tempi, da Bach a Mozart a
Beethoven se ne sono occupati, perciò quando canto le
arie sacre penso spesso ai miei viaggi in Terra Santa.

> *Lei ha messo il cuore in canzoni pluripremiate come*
> The prayer *o* Amazing Grace. *Quali sono le «esigenze»*
> *della testimonianza della fede che avverte nel mondo*
> *dello spettacolo?*

Innanzitutto penso che quando qualcuno sente di avere
qualcosa di positivo da dare agli altri, abbia l'obbligo di
farlo. Senza nessuna pretesa di convincere e nel rispetto della libertà degli altri di accettare o meno questo dono, penso
che sia bello e giusto condividere con gli altri la grande forza e le tante cose positive che ho tratto dalla fede nella mia
vita. E questo principio lo porto innanzitutto nella mia famiglia, con i miei figli: certamente nell'educare è l'esempio
l'ordine più categorico che si possa dare, ed il modo più
autentico per trasmettere i valori. A cominciare dall'umiltà,
che poi dipende dall'intelligenza delle persone. È una forma
di intelligenza: chi non è umile di fatto pecca di stupidità,
oltre che di orgoglio. L'umiltà è un'attitudine interiore.

> *I giovani in Italia lamentano il peso della gerontocrazia.*
> *Che cosa si sente di dire ai musicisti in erba in cerca di*
> *una* chance?

Penso che sia sempre stato difficile emergere e sempre lo sarà: è un po' un luogo comune affermare che oggi sia più difficile emergere che in passato. In realtà non è così. Credo che occorra avere spirito di sacrificio perché senza quello non si va da nessuna parte. E poi coltivare il talento, e sperare che nel nostro destino ci sia quella opportunità che possa far scoprire agli altri il servizio che si può prestare alla società con il proprio lavoro, o con la propria arte. Del resto io sono la prova vivente che il destino esiste, perché se c'è uno che molto difficilmente poteva arrivare lontano, quello ero io.

Cosa intende dire?

Voglio dire che io sono nato in una fattoria di campagna, in una zona piuttosto disabitata, comunque lontana dai centri dove si possa studiare musica, andare a teatro, ascoltare le opere liriche, fare esperienza… Inoltre avevo anche una serie di difficoltà personali. La realtà ha superato di gran lunga i sogni più ottimisti. E questo per me può voler dire una cosa sola: che quando ci sono i disegni del buon Dio, tutte le difficoltà vengono rimosse. Allora bisogna avere fiducia, lavorare sodo, e fidarsi del piano di Dio pensato per noi, dei segni con i quali il Signore ci indica la strada.

È per questo che dice spesso che il caso non esiste?

Certamente: non credo in nessun modo al caso. Neanche per la pallina scagliata sulla *roulette* c'è il caso: la nostra incertezza deriva dal non conoscere il punto esatto in cui si fermerà la pallina, e dal non sapere come avverrà l'incrocio tra la pallina e il numero, in quel punto esatto e non in un altro. Ma nell'incontro tra la pallina e il numero, non c'è nulla di casuale.

C'è qualcosa che le piacerebbe realizzare attraverso la musica in Terra Santa?

A dire il vero non ci ho mai pensato. Nella mia vita ho sempre lasciato che fossero le cose ad avvicinarsi, che fossero i progetti a presentarsi a me. E non mi sono mai pentito: penso che sia il buon Dio a suggerirmi cosa devo fare e dove devo andare. E poi (*ride*) il maestro Mehta sa che se mi chiama per fare qualcosa in Terra Santa, io parto subito…

Albert Vanhoye

Albert Vanhoye è nato nel 1923 ad Hazebrouck, nel nord della Francia. Entrato nella Compagnia di Gesù nel 1941, è stato ordinato sacerdote nel 1954; ha conseguito la licenza in Lettere, Filosofia scolastica, Teologia, Sacra Scrittura, e il dottorato in Sacra Scrittura. Nel 1963 è stato nominato professore al Pontificio istituto biblico, dove ha svolto un'intensa attività didattica insegnando esegesi del Nuovo Testamento, esegesi della Lettera agli Ebrei e delle Lettere Paoline; ha diretto corsi di metodologia e di teologia biblica e seminari su Vangeli, Lettere e Apocalisse. È diventato rettore nel 1984. Ha insegnato anche alla Pontificia Università Gregoriana e all'Istituto *Ecclesia Mater* dell'Università Lateranense. È stato inoltre presidente della *Studiorum Novi Testamenti Societas* e membro dell'Associazione biblica francese (Acfeb) fin dalla fondazione. Segretario per oltre dieci anni della Pontificia commissione biblica, è stato anche consultore del Pontificio Consiglio per la promozione dell'unità dei cristiani, della Congregazione per l'educazione cattolica e della Congregazione per la dottrina della fede.

L'intervista è stata pubblicata nel marzo-aprile 2012

Dove la Parola prende vita

Intervista di Cristina Uguccioni

Definito da Benedetto XVI «un grande esegeta», creato cardinale nel 2006 «in considerazione dei servizi resi alla Chiesa con esemplare fedeltà ed ammirevole dedizione», Albert Vanhoye, già rettore del Pontificio istituto biblico di Roma e segretario della Pontificia commissione biblica, conversa con noi di Terra Santa e Parola di Dio. La sua memoria corre ai luoghi della vita di Gesù mentre tiene in mano una piccola Bibbia, che ama consultare e richiamare.

A che anno risale il suo incontro con la Terra Santa?

Il mio primo viaggio risale al 1959, quando ero studente all'Istituto Biblico di Roma. A quel tempo vi era la possibilità di trascorrere un semestre laggiù, per visitare i luoghi dell'Antico e del Nuovo Testamento e vivere a Gerusalemme. Partii con altri studenti: dopo aver visitato l'Egitto e il Libano raggiungemmo la Terra Santa, sostando per una decina di giorni nella parte giordana per poi spostarci in quella israeliana. Visitammo Betlemme, Nazaret, Cana e molti altri luoghi della vita di Gesù, in particolare Gerusalemme, dove seguimmo anche dei corsi: ne ricordo uno, in particolare, dedicato a un documento di Qumran, il commentario del profeta Abacuc. Il nostro professore, al termine delle lezioni, volle farci sostenere l'esame nel museo dove era esposto questo documento. Fu una scena divertente: i visitatori non facevano che osservarci, incuriositi e stupiti di vedere un gruppo di giovani sacerdoti cattolici, in abito talare color cachi, che a turno rispondevano alle domande del professore.

Dopo quattro mesi ci avviammo sulla strada del ritorno, soggiornando in Turchia, a Cipro e in Grecia, sulle orme di san Paolo. In Terra Santa andai una seconda volta, quando ero rettore dell'Istituto Biblico di Roma, tra il 1984 e il 1990.

Quando si visita per la prima volta la Terra Santa e si riflette sul fatto che tutto è cominciato lì, in un piccolo fazzoletto di terra assolata dalla quale – dopo la risurrezione di Gesù – sono partiti alla volta del mondo undici uomini, non si può non restare meravigliati e colpiti dalla grande fiducia che Dio ha avuto nell'uomo.

È proprio vero. Fiducia nell'uomo e, aggiungo, molta umiltà. Dio non ha scelto di rivelarsi a un popolo numeroso e importante nel cuore di uno dei tanti imperi del passato; Dio ha scelto un popolo piccolo e modesto, che abitava una regione senza particolari pregi, lontana dai centri di potere, insignificante secondo l'ottica umana. Ciò che davvero conta non sono i mezzi umani, ma l'unione con il Signore nella fede e nella fiducia.

Durante il primo viaggio qual è stata l'esperienza più intensa che ha vissuto?

La celebrazione dell'Eucaristia nella basilica della Risurrezione. È stato un momento indimenticabile, che mi ha fatto sperimentare un contatto reale e concreto con il mistero pasquale, facendomi realmente prendere coscienza della realtà dell'incarnazione.

Più in generale sono convinto che una delle grazie che i pellegrinaggi in Terra Santa regalano sia proprio la comprensione più profonda dell'incarnazione. E, di conseguenza, dei testi sacri: chi li studia senza esser stato nei luoghi ha una conoscenza che potremmo definire «libresca»; al ritorno dalla Terra Santa, invece, la Parola acquista una consistenza molto più reale e autentica, una persona riesce a rendersi conto del significato profondo delle vicende narrate nella Bibbia. Meditare l'agonia di Gesù nel giardino degli ulivi è ben diverso dal meditarla solo sul testo. Indubbiamente chi fa un pellegrinaggio in Terra Santa riceve una ricchezza di grazia che altrimenti non potrebbe avere. Per questo incoraggio le persone a vivere questa esperienza.

Qualcuno potrebbe domandarsi perché, se il pellegrinaggio in Terra Santa è così importante e fecondo per la vita spirituale, la nostra religione non ne imponga l'obbligo.

Il motivo è la risurrezione di Gesù: la risurrezione ha avuto l'effetto di rendere secondari i luoghi, perché ormai Lui è presente nel mondo intero, sta con noi sino alla «consumazione dei secoli». Non è necessario cercarlo in un luogo specifico perché, con l'Eucaristia, è presente ovunque vivano i cristiani: nell'Eucaristia, alla luce della fede, abbiamo contatto con la Sua presenza reale. Naturalmente il riferimento all'esistenza terrena di Gesù è imprescindibile per i cristiani e dunque permane un legame forte con la Terra Santa; i pellegrinaggi aiutano a prendere coscienza dell'incarnazione: per questa ragione sono vivamente consigliati. Senza però diventare obbligatori: da questo punto di vista siamo tutti nella medesima condizione: se i luoghi fossero considerati essenziali alla vita di fede, di fatto molti cristiani sarebbero sfavoriti perché abitano in Paesi lontanissimi da Israele. Invece, grazie al sacramento dell'Eucaristia, vi è uguaglianza, nessuno può lamentarsi di vivere in un Paese dove il contatto con il Signore non è possibile.

Pensando alle parole rivolte alla samaritana si comprende che Gesù stesso ha ridimensionato l'importanza dei luoghi.

Proprio così: la samaritana è preoccupata riguardo al luogo dove adorare Dio. Gesù risponde: «Credimi donna, viene l'ora in cui né su questo monte né a Gerusalemme adorerete il Padre. (…) Ma viene l'ora – ed è questa – in cui i veri adoratori adoreranno il Padre in spirito e verità» (Gv 4, 21. 23). Sono parole molto importanti, sulle quali meditare.

Vuole spiegare cosa significa «adorare Dio in spirito e verità»?

È una formula che fa riferimento anzitutto al dono dello Spirito Santo: per adorare veramente Dio bisogna essere sotto l'influsso dello Spirito Santo, averlo in noi. La parola «verità» fa riferimento a Gesù, che di sé ha detto «Io sono la via, la verità e la vita». Gesù è venuto per comunicarci e donarci lo Spirito Santo; questo dono è legato al mistero pasquale, quindi all'esistenza del Figlio di Dio come uomo e come salvatore dell'uomo. Adorare Dio in spirito e verità significa quindi adorare Dio sotto l'influsso dello Spirito Santo e nella fede a Cristo verità.

Qual è il luogo di Gerusalemme a lei più caro?

Il giardino dell'agonia: mi impressionò profondamente perché la preghiera che lì avvenne segna il momento in cui l'umanità di Gesù si mostra in modo più trasparente, intenso e drammatico.

Gesù ha vissuto un momento straziante di sgomento e di angoscia, ha veramente assunto la nostra povera natura umana, debole, mortale, fragile; tuttavia, nella relazione con il Padre, ha ricevuto la forza necessaria per vincere il male e la morte. Gesù, che in tutta la sua vita si era sempre mostrato sicuro, forte e fiducioso, nel Giardino degli ulivi si è trovato come annientato, ma ha avuto la forza di pregare.

Questa è una lezione molto importante per la vita cristiana: i momenti di difficoltà, di angoscia, che sono i più penosi dell'esistenza umana, sono momenti di grazia perché Gesù vi ha messo la sua grazia. Con la preghiera, nell'intimità col Padre, Gesù è stato in grado di affronta-

re la passione e infatti, dopo l'agonia, non ha manifestato
segni di debolezza o cedimento.

>   *Però sulla croce ha gridato «Dio mio, Dio mio, perché
>   mi hai abbandonato?».*

In verità, per essere fedeli al testo greco, Gesù ha gridato
«Dio mio, Dio mio, *in vista di che cosa* mi hai abbandonato?» È diverso.

>   *Dunque il termine «perché» non è la traduzione precisa
>   del testo?*

Proprio così. Nel Vangelo di Matteo, la traduzione esatta
è «*affinché, che cosa* mi hai abbandonato?*». Nel Vangelo
di Marco, «*in vista di che cosa* mi hai abbandonato?».
È molto importante: dalle labbra di Gesù non si leva la
domanda spontanea che pronunceremmo noi, che quando siamo nella difficoltà domandiamo «*perché*», ossia che
cosa nel nostro passato ha provocato la sofferenza attuale
e l'abbandono di Dio. Con «*perché*» noi cerchiamo il motivo pensando a noi stessi, non lo troviamo e concludiamo
che la prova è totalmente assurda. La domanda di Gesù,
nei due Vangeli che la riferiscono, è chiaramente «*in vista
di che cosa* mi hai abbandonato?» e ciò cambia radical-
mente la prospettiva: noi guardiamo a noi stessi e al passato, Gesù al Padre e al futuro, cercando la finalità della
prova. La risposta all'interrogativo che Gesù leva al cielo
è anticipata nell'Antico Testamento: il Salmo 22, da cui è
tratta la domanda, termina infatti prefigurando una fe-

condità straordinaria. Si legge: «Tu mi hai risposto! Annuncerò il tuo nome ai miei fratelli, ti loderò in mezzo all'assemblea. (…) I poveri mangeranno e saranno saziati, loderanno il Signore quanti lo cercano; il vostro cuore viva per sempre! Ricorderanno e torneranno al Signore tutti i confini della terra; davanti a te si prostreranno tutte le famiglie dei popoli. Perché del Signore è il regno: è lui che domina sui popoli! A lui solo si prostreranno quanti dormono sotto terra, davanti a lui si curveranno quanti discendono nella polvere». La prova è feconda di vita.

Cosa ci insegna questa più precisa traduzione della domanda di Gesù?

Quando siamo nella prova dobbiamo pensare alla grazia che il Signore ci vuole dare, perché la prova è sempre l'anticipo di una grazia. Io porto spesso l'esempio di santa Teresa di Lisieux: la sua fede fu sottoposta alle tentazioni più violente, visse un periodo di grande oscurità, si sedette a quella che lei definì «la tavola dei peccatori», ma anziché ritenere che questa prova fosse assurda, ricordando che Gesù mangiava con pubblicani e peccatori, decise di offrirla per la conversione dei non credenti. E infatti le conversioni, dopo la sua morte, furono numerosissime.

La vicenda di santa Teresa corrisponde alla lezione che emerge dal Vangelo: al sopraggiungere di una prova occorre cercare quale grazia Dio vuole darci; dico che «bisogna cercare» perché la grazia non è evidente, la prima impressione è che la prova sia totalmente priva di senso, oltre che penosa.

Si può dunque affermare che Gesù stava cercando questa grazia? Quanto a noi: come possiamo trovarla?

Sì, certo, Gesù la stava cercando. Noi la possiamo trovare attraverso la preghiera e la meditazione dei Vangeli e della passione di Cristo in particolare.

Occorre stare attenti a non cadere nel dolorismo.

È doveroso guardarsi dal dolorismo, che non corrisponde al Vangelo, nel quale invece si insiste sulla guarigione dell'uomo e sulle realtà positive. Il dolore, di per sé, è una cosa negativa. Quando sopraggiunge la sofferenza la reazione cristiana mi pare debba essere duplice: da una parte occorre fare tutto il possibile per porvi rimedio, proprio come ha fatto Gesù che ha guarito moltissime persone, perché voleva e vuole che ogni uomo viva bene, in salute e pienezza, ma d'altra parte, allo stesso tempo, dobbiamo unire la nostra sofferenza, mentre c'è, a quella di Gesù: così facendo la sofferenza perde la sua assurdità perché unita alla Sua non potrà che essere feconda. Perciò, rammentiamoci: quando sopraggiunge una prova, rivolgiamo il nostro sguardo al futuro e chiediamo al Signore: «*In vista di che cosa?*» La grazia non mancherà.

Riccardo Di Segni

Riccardo Di Segni è nato a Roma nel 1949, figlio del medico partigiano Mosè Di Segni. Nel 1973 ha conseguito il titolo di rabbino presso il Collegio rabbinico italiano e contemporaneamente la laurea in Medicina e Chirurgia all'Università di Roma «La Sapienza». Oggi pensionato, ha lavorato a lungo come primario di Radiologia all'ospedale san Giovanni di Roma. È stato eletto nel 2002 rabbino capo della comunità ebraica romana, la più antica della diaspora d'Occidente (con origini che risalgono al 70 a.C.), dopo i 51 anni di guida spirituale del rabbino Elio Toaff.

Il suo ufficio nel Tempio Maggiore si affaccia sulle rovine del Portico d'Ottavia: è qui che nel luglio 1555 papa Paolo IV istituì il Ghetto, rinchiudendovi gli ebrei fino al 1870.

Questa intervista, pubblicata sul numero di luglio-agosto 2012 di Terrasanta, *precede il pontificato di Papa Francesco. Così, in modo inevitabile, non tiene conto di eventi come la visita di Bergoglio in Palestina e Israele (maggio 2014) o della visita del Papa argentino alla sinagoga di Roma, avvenuta il 17 gennaio 2016.*

Gerusalemme tra memoria e slancio nel futuro

Intervista di Manuela Borraccino

Fra ebrei romani e Vaticano ci sono «rapporti di *buon vicinato*». Forse «senza quegli slanci mediatici di entusiasmo» che si erano visti con Giovanni Paolo II, «ma anche senza ambiguità» rimarca il rabbino capo di Roma Riccardo Di Segni con l'inconfondibile accento romanesco, un pomeriggio di primavera, nella penombra dell'ufficio rabbinico. Alto e magro, 63 anni, uomo di grande affabilità, dopo esser stato eletto nel 2002 a capo della comunità ebraica capitolina è stato talvolta criticato in alcuni ambienti ecclesiastici per aver riportato una certa ruvida franchezza nei rapporti fra mondo ebraico italiano e Chiesa cattolica. Ma si è fatto anche sempre più apprezzare dentro e fuori la comunità per l'onestà intellettuale con cui ha sottolineato limiti e aporie del dialogo interreligioso. «Israele e le promesse bibliche sul possesso della terra? Ecco un tema che a mio avviso dovrebbe entrare a pieno titolo nel dialogo ebraico-cristiano» dice in questa intervista.

Quando è stato per la prima volta in Israele?

Faccio risalire la prima volta che sono stato in Israele a quando ero ancora nel grembo di mia madre, nel 1949: dopo la guerra e la *Shoah*, era andata a trovare i genitori prima che nascessi. I miei nonni erano rumeni, mio nonno faceva il rabbino in Bulgaria. Come avevano fatto in massa gli ebrei bulgari, con l'instaurazione del regime comunista dopo il 14 maggio 1948 si erano trasferiti nel neonato Stato di Israele. Personalmente, visitai per la prima volta Israele nel 1966, a 17 anni.

Cosa ricorda di quel viaggio?

Ricordo soprattutto la guida turistica, un carissimo ragazzo che aveva appena qualche anno più di me, e che non rividi più perché morì l'anno dopo, durante la guerra dei Sei giorni. Ricordo le condizioni spartane del viaggio, oggi quasi impensabili: si viaggiava in camionette, con le associazioni giovanili ebraiche, visitando il Paese in lungo e in largo, compreso il torrido deserto del Negev... Altro che aria condizionata! Chi aveva dei parenti li andava a trovare nei weekend liberi e io stavo con le famiglie dei miei zii, il fratello e la sorella di mia madre.

Era l'epoca degli halutzim*, i pionieri...*

Anche noi dovevamo lavorare nei *kibbutz* per guadagnarci il pane. Un'esperienza indimenticabile (*ride*), fra il caldo e la fatica... Eravamo nel *kibbutz* di Sde Eliahu, sotto Beisan. Un giorno venni portato all'alba a zappare in un campo di alberi con un altro ragazzo, lasciati con un'enorme tanica di acqua. Lì per lì non capimmo a cosa servisse. Quando ci vennero a riprendere, l'avevamo svuotata!

Ha studiato a lungo in Israele?

A dire il vero, no. Ci sono stato spessissimo per visitare il Paese e la mia famiglia, ma i lunghissimi studi rabbinici li ho compiuti in Italia a partire da quando avevo 11 anni: durante la settimana a scuola, i pomeriggi e la domenica alla scuola rabbinica.

Come ha visto cambiare il Paese negli ultimi 40 anni?

Per motivi professionali ci vado ormai almeno tre volte all'anno, e la cosa che mi colpisce di più è che Israele cambia continuamente: a distanza di pochi mesi c'è sempre qualcosa di diverso, ovunque si vada. È un Paese in tumultuosa evoluzione: edile, tecnologica, turistica… È impressionante vedere come ogni anno ci sia un nuovo sito da visitare, un museo ampliato, un quartiere restaurato. Di recente il centro di Gerusalemme è stato letteralmente trasformato dalla costruzione del treno urbano, che ha abbellito in modo prodigioso l'aspetto dei quartieri.

A quali luoghi è maggiormente legato?

Tutto in Israele è fonte di memorie, di ricordi. Per un italiano, penso che il luogo del cuore non possa che essere la splendida sinagoga di Conegliano Veneto ricostruita accanto al Museo di arte ebraica italiana di Hillel Street. È lì che vado a pregare di *shabbath* ogni volta che posso.

È mai stato in Cisgiordania?

Purtroppo molto poco, assai meno di quanto avrei voluto. Ho visitato Beit Jalla, e naturalmente Betlemme, dove un tempo era normale andare mentre oggi non è più possibile. Così come non mi è mai stato possibile visitare Hebron.

Come guarda allo stallo del processo di pace, ed in particolare allo scontro sempre più aspro che alcuni analisti israeliani definiscono uno scontro «fra israeliani ed ebrei», fra laici e nazional-religiosi nel Paese?

Non c'è nulla di nuovo sotto il sole. Lo stallo del processo di pace non risale agli ultimi anni ma affonda le radici negli scorsi decenni: è un processo estremamente complesso, nel quale si alternano speranze e arresti. Anche le divisioni all'interno della società israeliana e del mondo ebraico sono molto antiche, ed esistono anche all'interno del cosiddetto fronte laico, e tra le stesse fila dei «religiosi». Questa ampiezza di sfumature e talvolta di differenze radicali, fino alle spaccature, fa parte dell'esperienza ebraica ed è aumentata con la nascita dello Stato di Israele e con le diverse elaborazioni politiche dei problemi della terra, del sionismo, del rapporto con i palestinesi, della natura dello Stato di Israele. L'unità del popolo ebraico è più un mito o un ideale che una realtà: il popolo ebraico è dinamico, lacerato, e portato a esplorare da mille punti di vista diversi i problemi.

> *Come spiega la contraddizione fra il patrimonio sapienziale della Bibbia, la tensione verso la giustizia così centrale nell'ebraismo e l'espropriazione delle terre palestinesi legittimata proprio dai settori più religiosi del Paese?*

L'impostazione della sua domanda tradisce a mio avviso un'ottica molto cristiana della questione: Herbert Pagani disse una volta che *Israele è l'unico posto dove quando i coloni vanno a scavare trovano le ossa dei loro antenati.* È vero che ci sono estremismi, ma non solo fra gli ebrei: occorrerebbe giudicare caso per caso. Quanto al problema della giustizia, è interessante notare che i cristiani hanno rinfacciato agli ebrei fino a poco tempo fa di essere una religione della giustizia contrapposta a quella dell'amore, mentre ora si rinfaccia agli ebrei di non essere giusti: lo trovo alquanto paradossale. Ci sarebbe poi da aprire una riflessione su come i cristiani leggono i passi delle Sacre Scritture che riguardano le promesse che Dio fa al popolo ebraico di possedere la terra. In realtà su questo la tradizione cristiana già si è espressa nei secoli passati. È il 70 d.C. l'anno al quale si fa risalire la prima vera frattura con i cristiani: gli ebrei perdono il diritto alla terra proprio per non aver riconosciuto Gesù. C'è quindi una radicata difficoltà da parte della teologia cristiana di comprendere il diritto religioso del popolo ebraico alla terra. Lei ha posto un problema politico che va affrontato con categorie politiche. Ma accanto a questo c'è anche un problema teologico profondo, che contrappone da molti secoli la Chiesa e il mondo ebraico che, a mio avviso, dovrebbe entrare a pieno titolo fra i temi del dialogo.

Come guarda alla strumentalizzazione che alcune personalità politiche israeliane fanno ancora oggi della Shoah?

Della *Shoah* occorrerebbe parlare *con tremore e con amore*, come affermano i nostri mistici. La scelta di parlarne o non parlarne comporta vari rischi, che vanno dalla negazione alla banalizzazione, fino allo sfruttamento improprio. Quest'ultimo aspetto però va correlato con gli effetti che la *Shoah* continua a sortire sulle generazioni più giovani: perché non dimentichiamoci che, se è vero che siamo già alla terza generazione sopravvissuta al genocidio ebraico e che i testimoni di quell'epoca stanno via via scomparendo, è anche vero che la *Shoah* ha trasmesso e fa vivere ancora oggi la sensazione di insicurezza e di impotenza davanti alla possibilità che qualcuno da un giorno all'altro venga ad annientarti. Se non si tiene presente questa angoscia di essere distrutti che sta sempre lì, sul nostro orizzonte, e che con la tecnologia nucleare può accadere di nuovo nel giro di poche ore, non si può capire il motivo di questa insistenza. Perciò dico: sì, è vero, la *Shoah* talvolta viene strumentalizzata e questo non deve accadere: ma si deve anche cercare di capire – e lo dico senza alcun vittimismo – questa paura profonda, ineliminabile, che attanaglia le nostre vite.

Ha mai pensato di trasferirsi in Israele?

Ci ho pensato per moltissimo tempo. Ma non sono decisioni facili: più ci si inoltra nella maturità, più ci sono legami, esigenze della famiglia e del lavoro che ci allontanano dai nostri progetti giovanili.

Com'è cambiato il senso dell'identità ebraica in diaspora, oggi che si può fare ritorno in Israele?

In Italia direi che tutto è cambiato nel 1938, con l'introduzione delle leggi razziali che hanno rappresentato un trauma fortissimo nella coscienza collettiva degli ebrei italiani, molto prima della fondazione dello Stato di Israele nel 1948. È stato un processo emblematico perché con l'unità di Italia gli ebrei avevano acquisito la piena cittadinanza, e si erano pienamente assimilati nella Nazione, sentendosi diversi solo ed esclusivamente per il culto religioso, ammesso che si sentissero diversi. La persecuzione ha spostato indietro le lancette della storia e ha disintegrato il sentimento di appartenenza al popolo italiano: siamo usciti da tutto questo con la perdita di ogni certezza. La fondazione d'Israele certamente rappresenta un traguardo nella storia religiosa del popolo ebraico, ma sul piano dell'esperienza storica è stato come percepire un abbraccio da parte di un Paese inesplorato dopo esser stati rifiutati dalla terra nella quale si è vissuti per venti secoli.

Resta dunque un'identità complessa, multiforme: appartenenza al popolo ebraico ma prima di tutto al proprio Paese?

Sì, il senso ebraico della diaspora, almeno nell'Occidente democratico, è proprio questo: ciascuno di noi ha un'identità complessa, ospita esperienze individuali e collettive molto diverse, che ha cercato di integrare in un modo armonico. La nostra *italianità* non è meno importante della nostra *ebraicità*. Basti pensare che qui in Italia veniamo considerati prima di tutto *ebrei*: in Israele siamo considerati prima di tutto *italiani*, a cominciare dall'accento con cui parliamo l'ebraico. Per non parlare del modo tutto italiano di essere ebrei: le nostre tradizioni sinagogali, i nostri riti, il nostro formulario diverso dagli altri, le nostre melodie, la passione per l'arte e per la bellezza della liturgia, l'approccio critico-scientifico ad alcuni aspetti dell'esperienza religiosa.

> *Si dice che nessuna comunità ebraica sia più ostile alla Chiesa cattolica quanto quella romana, a causa della vicinanza e delle violenze patite sotto il Papato. È ancora oggi così?*

Non mi ritrovo affatto in questa sua definizione. La nostra è ovviamente una comunità particolarissima proprio perché, avendo sofferto enormemente nei secoli passati il giogo dello Stato pontificio, ha elaborato una sua propria psicologia e sue peculiari, diciamo così, *tecniche di sopravvivenza in ambiente avverso*: ma dubito fortemente che siano esclusive di Roma, e che siano vissute ancora oggi. Teniamo presente che quello fra gli ebrei e i cristiani romani è sempre stato un rapporto ambivalente: da una parte c'è il rapporto del perseguitato nei confronti del persecutore, dall'altro c'è la quotidianità, ovvero la convivenza, i rapporti di amicizia che nascono fra appartenenti alla stessa città. Dirò di più: se qualcuno ci considera campioni dell'antagonismo – e, ripeto, non lo siamo – allora dovremmo essere considerati anche campioni del dialogo: basti pensare che per le visite che Giovanni Paolo II e Benedetto XVI hanno compiuto qui al Tempio Maggiore, il secondo accolto da me, abbiamo ricevuto reazioni molto differenti da parte delle comunità ebraiche in giro per il mondo: alcuni ci hanno applaudito, altri ci hanno riservato critiche feroci. Penso dunque che sia tutto relativo: dipende dalle realtà locali, ovvero dal punto di vista di chi osserva questa realtà.

L'inizio del pontificato di Benedetto XVI è stato accompagnato da alcuni «passi falsi», come la reintroduzione della preghiera pro iudaeis *del Venerdì santo e il caso Williamson. Eppure nessun Papa quanto lui ha visitato così tante sinagoghe nei suoi viaggi apostolici. Come giudica il suo operato verso il popolo ebraico?*

Occorre innanzitutto considerare la personalità di questo Papa: Joseph Ratzinger appartiene ad un gruppo di teologi per i quali il legame con l'ebraismo è una questione di primaria importanza. E questo non è affatto scontato: molti teologi non condividono questa sua linea. Ho l'impressione che il Papa guardi al dialogo con il mondo ebraico con assoluto rispetto: senza tenere conto di questo aspetto non si potrebbe comprendere l'insistenza sua e nostra sulle differenze fra di noi, che ad un esame super-

ficiale potrebbe apparire fin troppo oppositiva. È difficile tradurre in atti mediatici questo rapporto di reciproco
rispetto: diciamo che con questo Papa siamo in rapporti
di *buon vicinato*, lontani da quegli slanci mediatici di entusiasmo che si erano visti con Giovanni Paolo II e che, a
mio avviso, non erano privi di una certa ambiguità.

A cosa si riferisce in particolare?

Penso ad esempio al dibattito sul significato della definizione di «*fratelli maggiori*», penso ai rischi di sincretismo
in incontri come quello di Assisi, penso alla beatificazione di Edith Stein e al vero e proprio filone editoriale nato
intorno al valore esemplare per la Chiesa della sua conversione... Direi che con l'attuale Papa siamo in una fase
diversa e molto particolare di un percorso di convivenza
e vicinato.

*Sente il peso di un'eredità difficile per l'intesa fra Giovan-
ni Paolo II ed il suo predecessore, il rabbino Elio Toaff?*

I tempi sono diversi. Nel suo lungo pontificato a papa
Wojtyła è toccato il compito di aprire delle strade, sia nei
confronti del mondo ebraico che fra il Vaticano e lo Stato
di Israele: ci sono voluti molti anni, e gesti clamorosi dopo 2000 anni di incomprensioni. Certamente oggi ci troviamo con un tratto di strada già fatto, con un cammino
già aperto. L'intesa fra Giovanni Paolo II ed il rabbino
Toaff era autentica, non c'è dubbio: il fatto stesso che sia
stata l'unica persona esplicitamente menzionata nel suo

testamento è assai significativo. Ma siamo diversi: ciascuno ha la propria personalità.

Ritiene ci sia una corretta percezione delle finalità del dialogo fra Chiesa cattolica ed ebraismo?

Prendo ad esempio Assisi: un'invenzione di Giovanni Paolo II, che nel 1986 l'allora cardinale Ratzinger non ha approvato. All'ultimo incontro ho partecipato anch'io, per quella parte della giornata della quale condivido lo spirito. Ma, a giudizio di chi aveva partecipato 26 anni fa, c'è stata una differenza epocale, nelle modalità stesse con cui era stata organizzata: l'incontro è stato quasi imposto per dare continuità al cammino che era stato aperto da Wojtyła, ma la regia era chiaramente diversa. Certo, Ratzinger non ha mai rinnegato la dichiarazione del 2000 *Dominus Jesus*, dove esponeva il punto di vista della Chiesa cattolica sulla necessità di far abbracciare a tutti la fede in Gesù. E il solo spettro dell'approccio proselitista fa dire agli ebrei: *se il dialogo è questo, tenetevelo per voi.* Ma siamo in una fase di reciproca conoscenza: se poi questo miri a una conversione degli ebrei non posso saperlo. Quel che è certo è che papa Benedetto XVI non vuole sincretismi, ma non li vogliamo neppure noi: e su questo siamo d'accordo.

Dopo tutto il dibattito degli ultimi anni, che idea si è fatto dell'aiuto dato da Pio XII agli ebrei? Quali effetti potrebbe avere nel dialogo un'eventuale beatificazione di Pacelli?

Si tratta di un interrogativo che riguarda l'interno della Chiesa: qual è la necessità morale di porre come simbolo di fede ed esempio per i credenti un personaggio che ha avuto una così controversa statura politica?

Luigino Bruni

Nato nel 1966 ad Ascoli Piceno, **Luigino Bruni,** dopo la laurea in economia, ha conseguito un dottorato in Storia del pensiero economico presso l'Università di Firenze, e un secondo PhD in *Economics* presso l'Università di East Anglia (Regno Unito). È professore ordinario di Economia Politica all'Università Lumsa di Roma e all'Istituto universitario Sophia di Loppiano (Firenze). È coordinatore del progetto «Economia di comunione», vicedirettore del Centro interdisciplinare e interdipartimentale Ciseps, e del Centro interuniversitario di ricerca sull'etica d'impresa econometrica. Negli ultimi 15 anni le sue ricerche hanno toccato diversi ambiti: dalla microeconomia alla storia del pensiero economico, dalla metodologia in economia alla socialità e felicità in economia. Recentemente i suoi interessi si sono rivolti all'economia civile e di comunione e alle categorie economiche di reciprocità e gratuità. È autore di numerose pubblicazioni, tra le quali: *Il mercato e il dono. Gli spiriti del capitalismo* (Università Bocconi, 2015) e *Fondati sul lavoro* (Vita e Pensiero, 2014).

L'intervista è stata pubblicata nel maggio-giugno 2013

Il miracolo dell'incontro

Intervista di Cristina Uguccioni

Docente di Economia politica all'università Lumsa di Roma e all'Istituto Universitario Sophia di Loppiano (Firenze), coordinatore della Commissione internazionale dell'Economia di comunione, il professor Luigino Bruni è un brillante economista. Le sue lucide analisi delle dinamiche dell'economia e del loro intreccio con l'esperienza cristiana, la sua capacità di illustrare i nodi essenziali di questo intreccio e di elaborare vie nuove per l'agire economico, sono molto apprezzate in Italia e all'estero. Con lui conversiamo dei suoi viaggi in Terra Santa e dei legami che lì sono nati.

Quando è avvenuto il suo primo incontro con la terra di Gesù?

Il primo incontro è avvenuto da lontano: nel 2004 andai in Libano e visitai Tiro e Sidone, luoghi ben noti ai cristiani. Rimasi molto colpito da una chiesa non lontana da Sidone, intitolata a Nostra Signora dell'Attesa: qui, secondo la tradizione, Maria sostava aspettando Gesù impegnato nella predicazione. Questa chiesa è divenuta meta di pellegrinaggio da parte di moltissime donne che, soprattutto nei tempi di guerra, si recano a pregare per i loro uomini.

Per quali motivi si recò poi in Terra Santa?

Negli anni seguenti, insieme ad alcuni miei collaboratori, andai due volte in Terra Santa su invito dell'allora patriarca latino di Gerusalemme, mons. Michel Sabbah: conoscendo le nostre esperienze di Economia di comunione, ci chiese una mano per aiutare i palestinesi, che incontravano enormi difficoltà ad avviare attività economiche: non riuscivano né a produrre né tantomeno ad esportare a costi competitivi.

Quali furono i vostri interventi? E quali risultati sortirono?

Insieme al patriarca organizzammo diverse riunioni cui parteciparono imprenditori palestinesi, principalmente cattolici. Visitammo le loro piccole imprese, ascoltammo i loro problemi e, contando anche su Banca Etica, che era con noi per cercare di aprire qualche linea di credito, riuscimmo ad avviare diversi progetti. La mia esperienza della Terra Santa è quindi legata alla richiesta che giunse dal patriarcato e al mio desiderio di aiutare un popolo in difficoltà, che viveva sostanzialmente grazie a rimesse, contributi e forme di assistenza provenienti soprattutto dall'estero. Le difficoltà che incontravano gli imprenditori locali erano enormi: me ne resi conto subito, non appena speri-

mentai quanto tempo occorre per spostarsi tra Gerusalemme e Betlemme a causa dei controlli. Purtroppo, per varie
ragioni, fra le quali il peggioramento della situazione politica, non tutti i progetti avviati sono poi andati avanti con
successo: solo alcuni, legati all'artigianato, continuano.

*Può illustrare brevemente i principi sui quali si fonda
l'Economia di comunione nata nel 1991 da un'intuizione di Chiara Lubich, fondatrice del Movimento dei
Focolari?*

L'Economia di comunione, che mette al centro la persona,
non il capitale, attualmente coinvolge circa mille piccole
e medie imprese in tutto il mondo: esse vivono una prassi
e una cultura economica improntata alla comunione, alla
gratuità e alla reciprocità. Ciò si traduce nella messa in
comune degli utili che ciascun imprenditore accetta di
suddividere in tre parti: una parte resta in azienda, per lo
sviluppo e la creazione di nuovi posti di lavoro, una parte
è destinata ai giovani e al finanziamento di borse di studio,
cioè alla formazione di quegli «uomini nuovi» di cui parla
san Paolo. La terza parte è destinata a finanziare progetti
di sviluppo per aiutare persone in difficoltà. Due terzi
della ricchezza prodotta, dunque, non restano in azienda.
Questo nuovo stile di agire economico si fonda su una
cultura del dono, del dare e del darsi evangelico che il
Movimento dei Focolari vive e promuove a vari livelli.

*Mi sorprende il fatto che in questi tempi di crisi, segnati
dalla ricerca di soluzioni e vie nuove, l'Economia di co-*

munione non sia presa molto in considerazione nel di-
battito pubblico e nella riflessione economico-politica.

È vero, di Economia di comunione non si parla molto,
non fa rumore. Però sta crescendo in tutto il mondo. In
Italia le esperienze sono numerose e consolidate; è stata
anche fondata un'associazione che riunisce oltre 150 imprenditori che si ispirano a questo nuovo modo di fare
impresa. Nella nostra sede di Loppiano sta nascendo una
scuola di economia civile per manager che coinvolge nove realtà italiane, fra cui le Acli e Banca Etica.
Agli imprenditori che aderiscono all'Economia di comunione non basta gestire bene l'azienda e destinare alla fi-
lantropia il 5 per mille: sono persone convinte che la ricchezza diventi tale solo quando è condivisa con gli altri,
con i poveri in particolare, sono persone persuase che il
fare impresa debba essere a servizio di un ideale alto: la
costruzione di un mondo più giusto. Ecco, di persone
così, nel mondo, ce ne sono molte. Più di quanto si creda.

Gli imprenditori palestinesi che incontrò come accolsero
le vostre proposte e i principi dell'Economia di comunio-
ne? Ha notato una differenza tra il loro approccio ai temi
e ai problemi economici e quello dei colleghi europei?

Durante quelle riunioni gli imprenditori locali mostraro-
no grande interesse verso i nostri progetti. Popoli come
quello palestinese, così come quello ebraico, hanno una
spiccata vocazione comunitaria: il capitalismo individua-
listico di stampo anglosassone con loro funziona poco,

hanno più facilità ad immaginare un'economia di mercato che sia aperta alla comunione. Un'economia comunitaria, ossia il modello che noi portiamo avanti, è visto da
loro come una strada percorribile. Anche per questo motivo mi sento sollecitato a rilanciare una stagione di impegno operoso in Terra Santa.

> *Durante quei viaggi ebbe modo di recarsi in pellegrinag-*
> *gio ai luoghi simbolo della Terra Santa? Quali la colpi-*
> *rono maggiormente e per quali ragioni?*

A Gerusalemme rimasi molto colpito, oltre che dal Santo Sepolcro, dalla scala presso la quale, secondo la tradizione, Gesù pronunciò la preghiera sacerdotale, che
Giovanni ci ha consegnato nel capitolo 17 del suo Vangelo: in questo lungo, indimenticabile discorso, il Figlio
prega che i fratelli siano «uno» nell'amore affinché possano essere suoi testimoni davanti al mondo: quel *ut
unum sint*, «che tutti siano uno» (Gv 17,21), costituisce
il cardine della spiritualità del Movimento dei Focolari.
Chiara Lubich, nel 1956, in occasione della sua unica
visita alla Terra Santa, aveva espresso il desiderio che
un giorno potesse esserci un focolare nei pressi di quella scala. Ora il terreno ove essa sorge è stato acquistato
dal nostro Movimento, che ormai è presente in Terra
Santa dal 1977. Oggi conta circa duemila persone, fra
aderenti e simpatizzanti: ho conosciuto molti di loro: si
prodigano per costruire l'unità e li ricordo con affetto.
Potrei dire che in Terra Santa più che dei luoghi – comunque fondamentali per comprendere in profondità

il mistero dell'Incarnazione – conservo vivo il ricordo degli incontri.

Vuole rammentare quali furono i più significativi?

Ad esempio quello – citato poc'anzi – con i tenaci imprenditori palestinesi e con il generoso vescovo di Gerusalemme, o quello, avvenuto durante una cena a Betlemme, con un docente palestinese di economia che ho poi invitato in Italia ad alcuni convegni: siamo tuttora in contatto. Ricordo con commozione i volti aperti e fiduciosi dei ragazzi ebrei e palestinesi che vidi sfilare per le strade di Gerusalemme in una marcia della pace, e il volto fermo e sereno delle suore che recitavano il rosario a ridosso del muro innalzato nei pressi di Betlemme. E non posso dimenticare i tanti focolarini conosciuti laggiù, che vivono il carisma dell'unità in mezzo a problemi e difficoltà di ogni genere. Due anni fa sono tornato in Terra Santa per partecipare a un simposio internazionale organizzato dal nostro Movimento: si trattava di un dialogo tra cristiani ed ebrei sulla crisi economica e debbo dire che le loro riflessioni, la loro lettura dell'Antico Testamento, sono state utili per i miei studi. Alcuni docenti ebrei di diritto che conobbi in quell'occasione mi hanno poi invitato negli Stati Uniti a tenere alcune conferenze sugli argomenti che mi sono cari. Durante la mia permanenza in Terra Santa sono dunque nati rapporti fecondi, che ancora continuano.

In quegli anni viveva a Gerusalemme l'indimenticato cardinale Carlo Maria Martini: ebbe modo di incontrarlo?

Sì, fu un'esperienza molto coinvolgente. Partecipai a una celebrazione eucaristica da lui presieduta e poi conversammo: non dimenticherò mai ciò che mi disse a proposito della Terra Santa: «Se uno viene a Gerusalemme per un giorno poi scrive un libro, se viene per una settimana scrive un articolo, dopo un anno scrive niente», perché si rende conto che la situazione fra ebrei e palestinesi è complicatissima. Quanto lo sia ho potuto constatarlo di persona, incontrando i focolarini che vivono lì e si prodigano per il dialogo interreligioso: la ferita è così profonda – mi raccontavano – che non riuscivano ad organizzare momenti di incontro misti, che riunissero sotto lo stesso tetto ebrei e palestinesi. Difficilmente chi arriva da fuori è in grado di capire questa ferita e i giudizi frettolosi sono avventati. Ripartii dalla Terra Santa con un monito nel cuore: non giudicare.

Conoscere le piccole, vulnerabili comunità cristiane della Terra Santa e del Medio Oriente, in molti modi ferite, quali riflessioni suscitò in lei? Non dovremmo nutrire verso di loro maggior riconoscenza e concreto affetto?

Sì, dovremmo. Quelle comunità mi fanno pensare al «piccolo gregge» di cui parlava Gesù. Resistono come possono e con grande, ammirevole dignità, in un contesto politico, sociale ed economico difficilissimo e pericoloso. Nutro verso di loro profonda stima e riconoscenza. Quando si osservano le condizioni in cui vivono i cristiani in quell'area del mondo vien fatto di domandarsi perché non gettino la spugna e non decidano di emigrare all'estero. Eppure loro rimangono. Sono fieri di essere cristiani: per noi, in Occidente, la parola «cristiani» è ormai una parola leggera, tanto che, ad esempio, si usa l'espressione «essere un buon cristiano» semplicemente per dire «essere una brava persona»; per loro, laggiù, essere «cristiani» esprime una scelta forte, coraggiosa: il solo fatto di pronunciare questa parola è segno di testimonianza. Quelle piccole comunità offrono un esempio cui noi cristiani d'Occidente dovremmo guardare con maggiore attenzione e riconoscenza. Come non avvertire il desiderio e il dovere di essere loro in qualche modo d'aiuto?

Bruno Forte

Nato a Napoli nel 1949, l'arcivescovo **Bruno Forte** è uno dei maggiori teologi italiani e tra i protagonisti del dialogo fra Chiesa cattolica e mondo ebraico. Ordinato sacerdote nel 1973, ha concluso il dottorato in Teologia e in Filosofia e, alternando periodi di ricerca a Tubinga e a Parigi, è stato ordinario di Teologia dogmatica nella Pontificia facoltà teologica dell'Italia meridionale fino al 2004. È membro dei Pontifici consigli della Cultura, per la Promozione dell'unità dei cristiani e della Nuova evangelizzazione. Fa parte della Commissione mista internazionale cattolico-ortodossa e di quella fra la Santa Sede e il Gran Rabbinato di Israele. Nominato nel 2004 da Giovanni Paolo II arcivescovo metropolita di Chieti-Vasto, è autore di numerosi scritti pastorali e di spiritualità, molti dei quali tradotti in diverse lingue: tra le sue ultime opere si segnalano *L'amore che salva nel quarto Vangelo. Esercizi spirituali per tutti* (San Paolo 2016), *La via della croce* (Morcelliana 2015) e *Lettere dalla collina. Sulla fede e l'esperienza di Dio* (Mondadori 2015).

L'intervista è stata pubblicata nel luglio-agosto 2013

Alle sorgenti della fede

Intervista di Manuela Borraccino

È uno dei maggiori biblisti e autori spirituali europei, tra i più acuti osservatori della vita sociale e religiosa italiana. Ma, a dispetto dei titoli e degli incarichi, di «padre Bruno», come lo chiamano i fedeli, colpisce soprattutto la semplicità. «Ci dà l'esempio papa Francesco», sorride l'arcivescovo di Chieti-Vasto, mons. Bruno Forte. Membro per dieci anni della Commissione teologica internazionale, ha presieduto il gruppo di lavoro che ha redatto il documento *Memoria e riconciliazione: la Chiesa e le colpe del passato* che ebbe un'amplissima eco nel Giubileo del 2000. Tra i più assidui frequentatori della Terra Santa, dove ha guidato innumerevoli pellegrinaggi e tenuto esercizi spirituali per sacerdoti e religiose, uomo di punta nel dialogo con l'ebraismo, guarda con fiducia al *rapprochement* avviato da papa Roncalli: «Il cammino è lungo, ma non mancano i segnali positivi: mai un convegno su Giovanni XXIII e il mondo ebraico era stato così tanto seguito come quello che si è svolto ad aprile 2013 in Israele. E questo è assai significativo», dice in questa intervista.

Monsignor Forte, quando è stato la prima volta in Terra Santa?

Venni ordinato sacerdote il 18 aprile 1973 e uno dei doni più belli ricevuti per l'ordinazione fu l'offerta di un pellegrinaggio in Terra Santa, che avvenne durante quell'estate: fu il primo incontro con la terra di Gesù. Ne rimasi letteralmente folgorato, perché mi sembrò che fosse il luogo in cui ritrovavo profondamente le sorgenti della mia vita di cristiano, di sacerdote e di uomo. Di cristiano perché ripercorrere i luoghi dell'azione storica di Gesù, della storia della salvezza e dei profeti mi faceva sentire nutrito di nuovo entusiasmo nel mio essere discepolo del Signore. In secondo luogo come sacerdote perché la missione terrena di Gesù, il suo sacrificio pasquale, sono l'essenza stessa del sacerdozio. Infine, anche come uomo: il Salmo 87 dice che a Gerusalemme "tutti siamo nati". Significa che l'uomo è un arco di fiamma tra la terra e il cielo, tra il tempo e l'eternità e in Terra Santa tutta la storia della Salvezza, la storia di Gesù di Nazareth e l'inizio della sua Chiesa ci parlano di questa alleanza, di questo incontro tra l'umano e il divino.

Come ha scoperto la sua vocazione?

Sono l'ultimo di otto figli e ho avuto la grazia di crescere in una famiglia che aveva il dono della fede. La scoperta della mia vocazione avvenne a 17 anni, durante un campo scuola con l'allora arcivescovo di Napoli, il cardinale Corrado Ursi, il cui profondo amore alla Parola di Dio, al Cristo vivo nella Chiesa e nella liturgia mi toccò profondamente il cuore, mi fece sentire l'amore di Gesù e il desiderio di rispondere alla sua chiamata dando la mia vita per Lui. In realtà, da quel giorno mi è stato chiaro come l'essere cristiani dipenda totalmente dal rapporto d'amore con Gesù: la Terra Santa mi ha sempre fatto rivivere la sua vicenda terrena, come anche la storia della Salvezza che l'aveva preparata e lo slancio della Chiesa nascente, che dalla resurrezione del Crocifisso, nella potenza dello Spirito, si era poi propagata nel mondo.

Come ha visto cambiare il Paese dalla guerra di Yom Kippur ad oggi?

Si può dire che nel '73 Israele stava appena iniziando a uscire dalla condizione di Paese in via di sviluppo, mentre oggi è una nazione caratterizzata da uno stile di vita e di benessere che la rende assai più simile a una società europea avanzata, che a un Paese del Vicino Oriente. La trasformazione è stata profondissima e ha contrassegnato anche il costume, con una forte crescita delle identità contrapposte nella società israeliana: da una parte l'aumento della componente laica della popolazione, per la quale l'appartenenza all'ebraismo è soprattutto culturale, dall'altra l'ascesa dell'ebraismo ortodosso, dove forte è l'accentuazione dell'esperienza religiosa, con ricadute esclusiviste fino alle derive del fanatismo. Questa società che appare quanto mai complessa e frammentata è oggi attraversata da tensioni profonde, proprio per la difficoltà di far coesistere grandi diversità che esprimono anche distanze culturali e geografiche. Se a questo si aggiunge la presenza degli arabi israeliani, e la questione del rapporto con i palestinesi, si capisce come vivere in Israele significhi essere immersi in una tensione permanente.

Che ruolo svolgono i cristiani in questo scenario?

Penso che dobbiamo fare lo sforzo di capire la sofferenza di Israele, liberarci dai pregiudizi sugli atteggiamenti di questo popolo che vive nel ricordo della Shoah, e nella costante paura propria di un popolo in guerra. D'altra parte dobbiamo sforzarci di capire anche i palestinesi, i quali hanno conosciuto grandissime sofferenze, dall'esilio alle privazioni, alle restrizioni delle loro libertà: oggi l'Autorità Nazionale Palestinese copre meno di un terzo delle terre dove i palestinesi vivevano fino al 1948. Proprio per la drammaticità di queste situazioni, mi appare più che mai chiaro come la pace vada cercata con urgenza nell'interesse di tutti: grazie a Dio questo molti cominciano a capirlo, tra israeliani, ebrei e arabi, e anche tra i palestinesi. Certamente la comunità cristiana nella sua condizione minoritaria è testimone di questa volontà di pace e in qualche modo si fa ponte di dialogo nell'amicizia con ebrei e palestinesi. Sono convinto che lo sforzo da fare sia quello di sostenere tanto l'opinione pubblica israeliana, quanto quella araba, in questo processo di maturazione a favore della pace: entrambi i popoli devono aprirsi a delle prospettive negoziali che possano favorire i diritti fondamentali di sicurezza, di pace, di sviluppo dei due popoli.

Lei è da molti anni tra i protagonisti del dialogo della Chiesa cattolica con il mondo ebraico. Che bilancio ne trae?

Uno dei segnali di crescita è l'istituzione stessa della Commissione di dialogo fra Santa Sede e Gran Rabbinato di Israele; un altro è stato il viaggio di Giovanni Paolo II in Terra Santa nel 2000, seguito dal viaggio di papa Benedetto nel 2009, e si sa anche del grande amore che unisce papa Francesco al popolo ebraico e alla comunità ebraica argentina (quando viene pubblicata l'intervista papa Francesco è da poco stato eletto e non ha ancora compiuto il suo pellegrinaggio a Gerusalemme – ndr). Dunque direi che almeno a livello di vertice il dialogo è cresciuto moltissimo: chi è cristiano non può non amare l'ebraismo, che costituisce la santa radice del cristianesimo, né si può essere discepoli di Gesù se non si ama nel contempo il popolo da cui è venuto. È chiaro che tutto questo deve arrivare alla base, e deve andare di pari passo con il correggere anche solo dei sospetti di antisemitismo, a favore della consapevolezza profonda della straordinaria rilevanza della storia del popolo di Israele nelle Scritture per l'Occidente e per l'umanità intera. Come ribadito anche dal documento congiunto della Commissione mista fra la Santa Sede e il Gran Rabbinato di Israele «il rispetto reciproco e l'amicizia che si è stabilita fra noi implicano la responsabilità di difendere e promuovere reciprocamente il bene dell'altra comunità. Ciò richiede di reagire al pregiudizio e al disprezzo, in particolare contro ebrei e cristiani. Specialmente là dove una comunità è maggioritaria e ispira l'ethos di una nazione, e l'altra è minoranza vulnerabile, la responsabilità della prima è ancora maggiore».

Citava all'inizio il convegno dedicato alla memoria di
papa Roncalli nell'aprile del 2013 a Gerusalemme...

Questo convegno a 50 anni dal Concilio su «Giovanni
XXIII e il mondo ebraico» ha riscosso uno straordinario
successo in Israele, forse cogliendo di sorpresa persino gli
organizzatori: il responsabile della Konrad Adenauer
Foundation, sponsor del convegno, notava che mai si era
registrata una così alta partecipazione di pubblico. L'interesse che questa iniziativa ha riscosso in ambito ebraico
deve dunque farci riflettere sui passi avanti fatti dal Venerdì Santo del 1959, quando il beato Giovanni XXIII volle
far eliminare l'aggettivo «perfidi» davanti alla parola *Iudaei*
nella preghiera per il popolo ebraico, e da quel 13 giugno
1960, giorno in cui lo stesso Papa ricevette in udienza lo
storico ebreo Jules Isaac: quell'incontro fu una scintilla, un
nuovo inizio nel segno dell'amicizia e dell'ascolto reciproco. La dichiarazione conciliare *Nostra aetate* del 1965 nasce
da lì. La recente visita del presidente Shimon Peres al Papa
e l'invito rivoltogli a visitare Israele stimolano cristiani ed
ebrei ad un rinnovato sforzo volto a educare le rispettive
comunità riguardo alla natura, ai contenuti e al significato
dei cambiamenti intercorsi (Peres si reca in Vaticano il 30
aprile 2013, meno di due mesi dopo l'elezione di papa
Francesco. Il Pontefice vuole che l'incontro con il presidente israeliano sia tra i primi della sua agenda – ndr).

L'Anno della Fede volge al termine... Da dove riparti-
re per superare l'indifferentismo religioso delle nostre
società?

È un fatto che l'indifferenza, la mancanza di passione per la verità e il senso che essa può dare alla vita costituiscono la vera debolezza della coscienza occidentale nell'epoca cosiddetta «postmoderna». Ma penso che proprio papa Francesco ci stia indicando la strada con il suo esempio, in particolare con tre caratteristiche del suo modo di essere e di agire. Prima di tutto l'autenticità: si sente in lui una grande freschezza. Egli lascia trasparire ciò che è. I poveri stanno davvero al centro del suo cuore e di conseguenza della sua attenzione: le scelte di sobrietà nello stile di vita sono un segno eloquente, e nella crisi etica prima ancora che economico-finanziaria del nostro tempo la sua stessa elezione è un segno dei tempi: il messaggio che arriva dal Papa appare un messaggio lanciato a quanti vivono la crisi per puntare a superarla insieme nella semplicità di vita e nella condivisione fraterna. Il secondo elemento sta nel linguaggio semplice e al tempo stesso profondo di Francesco: il Papa ci sta trasmettendo dei contenuti importanti e centrali per la fede e per la vita con uno stile comunicativo estremamente immediato. Credo che il mondo d'oggi abbia fame e sete della Parola di Dio, per dirla col profeta Amos, ma vuole che questa Parola gli sia presentata in maniera comprensibile, e che arrivi al cuore delle persone: penso che questo sia un insegnamento importante per gli operatori dei media, per i politici e per chi ha a cuore l'annuncio del Vangelo. Il terzo elemento, altrettanto esemplare per tutti noi, sta nella grande umanità del Papa: egli sa farsi vicino, sa condividere il dolore e la gioia, sa ascoltare la vita reale, comprendere le prove e le attese della gente, farsene voce.

Papa Francesco si fa egli stesso testimone dell'amore di Dio per l'uomo: questo Dio è amore e ci tocca il cuore.

> *Diversi* opinion leader *sottolineano l'ondata di entusia-smo che circonda papa Francesco. Non pensa che ci sia un equivoco di fondo nel vedere una «rottura» con il pontificato di Benedetto XVI?*

Si tratta senza dubbio di una lettura falsata della realtà, perché è mia profonda convinzione che non ci sarebbe stata la sorpresa di papa Francesco se non ci fosse stato l'amore umile, coraggioso e credente di Benedetto XVI. Papa Benedetto ha veramente dissodato il terreno: basti pensare a come ha affrontato l'esigenza della riforma spirituale della Chiesa, il primato di Dio e della sincerità nella Chiesa, la determinazione e intensità con cui ha affrontato il dramma della pedofilia, così come di altri scandali. Tutto questo perché voleva una Chiesa più credente, più innamorata di Dio, più testimone di Lui nella vita quotidiana. Sono stati il suo coraggio e la sua determinazione a rendere possibile un Conclave sorprendentemente veloce agli occhi del mondo: in pochissimo tempo abbiamo avuto la sorpresa di Francesco, che incarna quella riforma spirituale di una Chiesa povera e per i poveri, e di una testimonianza innamorata di un Dio che non si stanca mai di perdonare mentre siamo noi a volte che ci stanchiamo di chiedere perdono, che è stato il fulcro anche dell'insegnamento di papa Benedetto XVI.

Abraham Skorka

Nato a Buenos Aires (Argentina) nel 1950, di formazione scientifica (ha un dottorato in chimica) e giuridica (ha insegnato diritto ebraico all'Università del Salvador) il rabbino **Abraham Skorka** è rettore del Collegio rabbinico latino-americano, dove insegna Letteratura biblica, e capo della comunità ebraica *Benei Tikva*. Nel 1990 conobbe l'arcivescovo di Buenos Aires Jorge Mario Bergoglio. I due iniziarono un confronto sul patrimonio sapienziale di ebraismo e cristianesimo, e sui grandi temi della vita umana: Dio e il Diavolo, la preghiera e la colpa, la famiglia e il divorzio, la politica e il potere, la bioetica, la fede, la povertà, la *shoah*. Le conversazioni confluirono in un programma televisivo di una trentina di puntate e furono poi pubblicate nel saggio *Sobre el Cielo y la Tierra* (2010), tradotto in italiano dopo l'elezione di Bergoglio al soglio pontificio con il titolo *Il cielo e la terra* (Rizzoli, 2013). Nell'ottobre 2012, a cinquant'anni dall'inizio del concilio Vaticano II, Skorka è stato insignito di un dottorato *honoris causa* all'Università cattolica argentina: era la prima volta in America Latina che il titolo veniva conferito a un rabbino. Quando nel 2014 papa Francesco fa il suo pellegrinaggio in Terra Santa, invita Abraham Skorka ad accompagnarlo.

L'intervista è stata pubblicata nel novembre-dicembre 2013

Il mio amico Bergoglio

Intervista di Manuela Borraccino

Viene considerato una delle personalità più vicine a papa Francesco. Ed è fra i pochissimi che possa permettersi di definire il Pontefice «*mi querido amigo*». Quando, nel 2009, gli editori di *El Jesuita*, la biografia-intervista pubblicata da Sergio Rubin e Francesca Ambrogetti con l'allora arcivescovo di Buenos Aires Jorge Mario Bergoglio, chiesero allo schivo cardinale argentino da chi volesse farsi scrivere la prefazione, egli rispose senza esitazione: «Il rabbino Skorka».

«È stato un atto di enorme coraggio spirituale», afferma oggi in un salotto della Casa Santa Marta l'uomo con il quale il Papa ha instaurato un'amicizia e una consuetudine che vanno ben al di là del dialogo interreligioso fra i rappresentanti di due istituzioni, come l'arcidiocesi di Buenos Aires e il Tempio che raduna una delle più grandi comunità della diaspora del mondo, con circa 230 mila ebrei. «Da papa Francesco mi aspetto un contributo concreto alla pace fra israeliani e palestinesi: con la fondazione di Israele nel 1948 abbiamo realizzato il 50 per cento del sogno degli ebrei. Ora ci manca l'altro 50 per cento: vivere in pace», spiega in questa intervista il rabbino Abraham Skorka.

Rav Skorka, si aspettava che il suo amico Bergoglio fosse eletto papa?

Diciamo che, come si dice in Argentina, nutrivo la speranza che venisse eletto.

Che cosa ha provato quel giorno?

È stata un'emozione profondissima, talmente intima e sconvolgente che non so descriverla a parole. Non è il tipo di gioia che proviamo quando la squadra del cuore fa goal. Ho avuto un tuffo al cuore quando nel dare l'annuncio dell'*Habemus Papam* il cardinal Jean-Louis Tauran ha declamato «...*Dominum Georgium Marium Sanctae Romanae Ecclesiae...*»; e prima ancora che pronunciasse il cognome ho detto a mia moglie: «È Bergoglio!». Ho provato una gioia profondissima perché ho avvertito in quel momento il senso storico dell'amicizia che ci unisce: ho sentito distintamente fino a che punto Dio avesse intrecciato le nostre vite e il cammino che avevamo intrapreso.

E quando l'ha visto al balcone?

Al vederlo vestito di bianco mi sono profondamente commosso: lo guardavo e non ho potuto fare a meno di ricordare di quando, per girare le puntate del *talk-show* televisivo che abbiamo fatto insieme, avevamo preso l'abitudine di guardarci intensamente negli occhi mentre parlava uno dei due, per capire con uno sguardo quando l'altro stava per terminare e iniziare a replicare. Ed ora ecco, lui parlava alla folla riunita in piazza san Pietro ma in realtà quella notte con il sorriso nello sguardo guardava me, guardava proprio me seduto in lacrime davanti alla tivù a casa a Buenos Aires.

Lei ha affermato che Francesco sarà il miglior amico che il popolo ebraico abbia mai avuto in Vaticano. Cosa le fa dire questo?

Penso innanzitutto all'atto di enorme coraggio spirituale che ha avuto quando gli editori del suo libro-intervista gli chiesero da chi volesse farsi scrivere la prefazione, e lui indicò proprio me. Fu un gesto fortissimo! Penso al programma televisivo fatto insieme, a tutte le conversazioni che abbiamo avuto e ai semi che abbiamo gettato. Penso a quando, un anno fa, ha voluto conferirmi un dottorato *honoris causa* all'Università cattolica argentina, nel cinquantesimo anniversario dell'apertura del concilio Vaticano II: è stato un gesto carico di significato e di memoria, con un peso simbolico fortissimo. Sì, per tutto quello che ha fatto vedo in lui un fedele amico del popolo ebraico: perché ha dimostrato con i fatti e con grande coraggio spirituale verso un rappresentante del popolo ebraico il suo impegno verso tutti gli ebrei.

Per la prima volta un rabbino passa alcuni giorni a stretto contatto col Papa. Che impressione le fa vivere una situazione senza precedenti?

La gioia più grande per me è vedere che la nostra amicizia parla in se stessa: da molti anni non si tratta più solo di dialogo interreligioso. Quando vengo a Roma faccio colazione, pranzo e ceno accanto a lui. E vedo con quanta confidenza ci rivolgiamo l'uno all'altro: non c'è altro che un grande rispetto reciproco, e un affetto manifestato non solo con le parole, ma anche con i gesti. Ad esempio, da quando sono arrivato il Papa ha dato disposizione che possa seguire in tutto le mie regole alimentari, assicurandosi con i suoi collaboratori che io abbia tutto il necessario, che sia verificato come viene cucinato il cibo, mi ha fatto procurare una bottiglia di vino *kosher*... curando tutti i dettagli con un'attenzione impressionante. E io capisco che la grande cura che ci mette, persino come Sommo Pontefice, è un modo per mostrare ai quattro venti, come diciamo in Argentina, «questo è un mio amico». Il fatto stesso che il venerdì sera e il sabato mi accompagni nelle mie orazioni di *Shabbat*, davanti a tutti i cardinali, vescovi e sacerdoti presenti, è espressione di grande vicinanza. Vuol dire avere fiducia nell'altro: questo è importantissimo.

Come guarda al cammino di riavvicinamento avviato dal concilio Vaticano II?

È chiaro che la *Nostra aetate* ha fatto da spartiacque nella storia delle relazioni fra mondo ebraico e cristianesimo. Dopo il grande ruolo giocato da Giovanni XXIII, l'ispiratore della svolta, l'uomo che ha dato una forte spinta al cambiamento è stato Giovanni Paolo II. Benedetto XVI ha approfondito un po' tutto questo, sebbene non nella misura spettacolare del suo predecessore e con dei gesti da parte di Ratzinger risultati ambigui per molti ebrei.

A cosa si riferisce esattamente?

Penso ad esempio al discorso ad Auschwitz (28 maggio 2006 – ndr). Il Papa si definì «figlio di quel popolo sul quale un gruppo di criminali raggiunse il potere mediante promesse bugiarde [...] e con la forza del terrore e dell'intimidazione, cosicché il nostro popolo poté essere usato ed abusato come strumento della loro smania di distruzione e di dominio». Ho l'impressione che il Papa abbia voluto in qualche modo concentrare la colpa su alcuni pochi che dominarono la mente di molti. E questo non mi convince. Non è così. Non penso si possa lanciare un messaggio del genere di fronte all'aberrazione del nazismo. Certo, ci sono persone che esercitano un carisma molto forte, e possono trascinare gli altri. Ma chi resta confuso è perché si lascia confondere: nell'offuscamento c'è un'attitudine totalmente passiva che non possiamo accettare o tentare di giustificare.

In effetti nel vostro saggio Il Cielo e la Terra *lei dice «la corruzione è come il tango: si balla in due, c'è un corrotto e un corruttore».*

Esattamente: perché nell'ebraismo vige un principio giuridico fondamentale sulla responsabilità personale. Si può dire che il grado di colpa sarà maggiore o minore in chi manipola le menti degli altri fino a far loro compiere il male, ma chi si lascia deviare risponde anch'egli della sua colpa.

E da papa Francesco Lei cosa si aspetta?

Che si possa fare un passo avanti del dialogo, che non sia
solo una questione di simpatia, di sintonia umana, ma che
possiamo davvero impegnarci profondamente con fatti
concreti nella costruzione di un mondo migliore, senten-
doci veramente fratelli. E nella consapevolezza che le nostre due tradizioni, per quanto diverse, sono generate da
un tronco comune.

Quali sono a suo avviso i campi concreti d'azione?

Io direi innanzitutto un contributo alla pace tra Israele e
i suoi vicini: un contributo sincero, sapendo che Israele
rappresenta per così dire la rinascita dell'essere ebreo, e
che lo Stato d'Israele affronta la sfida di ricreare uno stile
di vita ebraico basato sulla morale e sull'etica della Bibbia
e dei nostri saggi. Israele rappresenta la sfida del popolo
ebraico di costruire uno Stato ebraico.

*Lei ha affermato più volte che deve esistere uno Stato
palestinese accanto a quello ebraico. Come legge la fine
del processo di pace?*

Non credo che sia finito: in realtà stiamo tornando ai
negoziati. L'importante è che ci siano dei colloqui.
Quello che spero è che Dio ci aiuti affinché ci sia pace
in Israele, come chiediamo tutti i giorni nelle nostre preghiere. Siano benedetti dal Signore tutti quelli che si
sforzano di arrivare alla pace dall'una e dall'altra parte!
Però tutti quanti dobbiamo aiutare: tutti possiamo fare
qualcosa, ciascuno di noi deve sentire questa responsa-

bilità. Ci sono tanti capitoli da discutere, ci sono dei limiti, compromessi da accettare... Ma il sogno degli ebrei è di avere, dopo 2000 anni, uno Stato in pace. Con la fondazione dello Stato di Israele nel 1948 abbiamo realizzato il 50 per cento del sogno: quello che ci manca adesso è l'altro 50 per cento, che Israele viva in pace. L'inno nazionale israeliano si intitola *HaTikvah*, la speranza. Ed io sono certo che, così come abbiamo realizzato il sogno di avere uno Stato, Dio ci aiuterà a realizzare la pace. Come dice il Salmo (29, vers. 11 – ndr): «Il Signore darà forza al suo popolo; il Signore benedirà il suo popolo con la pace».

Che senso hanno gli incontri per la pace fra i leader delle religioni quando poco o nulla cambia sul campo, specialmente per i cristiani perseguitati in alcune aree del Medio Oriente, dell'Africa e dell'Asia?

Io credo che questi grandi raduni siano il primo passo, e che dopo questi incontri si tratti di intraprendere un secondo passo per fare qualcosa insieme. Il primo passo con l'allora arcivescovo di Buenos Aires fu molto rapido: ci conoscemmo, vedemmo che potevamo star bene e cominciammo a organizzare attività insieme. Sono passati 23 anni da quel giorno ed io vedo che anche oggi quando siamo a tavola ci andiamo dicendo: «pensi a questo, potremmo fare quest'altro...». È ovvio che non possiamo più fare le stesse cose di un tempo: oggi Bergoglio è il Sommo Pontefice. Ma l'importante è che abbiamo iniziato immediatamente a fare cose insieme. È motivo di enorme gioia per entrambi vedere che in tante diocesi dove ci sono comunità ebraiche si sta iniziando a seguire il nostro esempio. Questo è il modo in cui il Papa ed io concepiamo il dialogo e responsabilità. Altrimenti non è altro che pura simpatia umana.

Perché secondo lei c'è questa difficoltà da parte del mondo islamico a fermare le violenze?

Quando osservo la violenza interconfessionale che dilaga in Iraq, in Siria, in Egitto, in altri Paesi islamici, non posso fare a meno di pensare che il mondo islamico debba affrontare un nemico interno: se non stiamo bene con noi stessi, è difficile che si sappia affrontare un dialogo con il diverso da sé... Certamente nel mondo islamico ci sono leader spirituali di grande valore, però è altrettanto chiaro che esiste una corrente molto violenta e fanatica che sta ai leader musulmani emarginare e sconfiggere.

Lei ha studiato a lungo in Israele. Quali sono i luoghi ai quali è più legato?

Sono due i luoghi che porto nel cuore: il primo, come per tutti gli ebrei, è Gerusalemme. Il secondo è Tel Aviv, perché è la città che rappresenta la ri-creazione del popolo ebraico in terra d'Israele. Entrambe rappresentano la proiezione di Israele verso il futuro: Tel Aviv, pur molto diversa, resta simbolicamente e profondamente legata a Gerusalemme.

Pensa che il Papa si recherà in Terra Santa già l'anno prossimo?

Io spero proprio di sì. Si lavora per questo e mi risulta che il presidente israeliano Shimon Peres si sia impegnato personalmente con il Papa per fare tutto il possibile nella ripresa dei negoziati con i palestinesi e nel garantire la massima collaborazione con le autorità palestinesi, perché il viaggio possa compiersi nel modo più proficuo possibile per tutti (non solo papa Francesco si reca in Terra Santa pochi mesi dopo l'intervista, nel maggio 2014, ma invita lo stesso Skorka ad accompagnarlo – ndr).

Marko Rupnik

Nato a Zadlog, in Slovenia, nel 1954, padre **Marko Rupnik** ha studiato all'Accademia di Belle Arti di Roma e successivamente teologia alla Pontificia Università Gregoriana, dove si è specializzato in missiologia. Ordinato sacerdote nel 1985, ha conseguito il dottorato alla facoltà di Missiologia. Oltre a dirigere il Centro Aletti (centro di studi e ricerche sull'arte, che si affianca alla missione che la Compagnia di Gesù svolge al Pontificio istituto orientale), insegna anche alla Pontificia Università Gregoriana e al Pontificio Istituto Sant'Anselmo e tiene corsi e seminari presso istituzioni accademiche europee. Dal 1999 è consultore del Pontificio consiglio per la cultura e dal 2012 del Pontificio consiglio per la promozione della nuova evangelizzazione. Ha partecipato a mostre collettive e realizzato personali in Europa, Russia e Stati Uniti. All'attività di artista e di teologo affianca quella pastorale guidando corsi ed esercizi spirituali. Fra le sue pubblicazioni segnaliamo: *L'autoritratto della Chiesa. Arte, bellezza, spiritualità* (EDB 2015), *L'arte della vita. Quotidiano della bellezza* (Lipa 2011), *Il rosso della Piazza d'Oro – Intervista a Marko Ivan Rupnik su arte, fede ed evangelizzazione* (a cura di N. Govekar, Lipa 2013).

L'intervista è stata pubblicata nel gennaio-febbraio 2014

Dove si è rivelato l'amore di Dio

Intervista di Cristina Uguccioni

Artista di grande sensibilità, teologo rigoroso, padre Marko Ivan Rupnik, gesuita, è direttore del Pontificio Istituto Orientale – Centro Aletti di Roma e dell'*Atelier* dell'arte spirituale dello stesso Centro, con il quale ha realizzato apprezzati mosaici in Italia e all'estero: fra gli altri, nella cappella *Redemptoris Mater* del Palazzo apostolico vaticano, sulla facciata della chiesa del Rosario a Lourdes, nella rampa e nella cripta della nuova chiesa di san Pio da Pietrelcina a San Giovanni Rotondo, nel nuovo santuario di Fatima e in quello dedicato al beato Giovanni Paolo II a Cracovia.

Lo incontriamo mentre disegna, per chiedergli del suo rapporto con la Terra Santa, dove si è recato due anni fa insieme all'*équipe* del Centro Aletti. «È stata la mia prima volta», afferma. «Non ho mai desiderato andarci: ho sempre pensato che mi sarebbe piaciuto visitare quei luoghi dopo la morte, accompagnato dal Signore».

Quando maturò in lei questo particolare desiderio?

Ricordo che da bambino, soprattutto a Natale, cercavo di immaginare i luoghi nei quali si svolse la vita di Gesù.

Allora papà, che era un fine pedagogo, mi ripeteva sempre che è importante sforzarsi di comprendere cosa è accaduto a Betlemme, ma non meno importante è capire come questa nascita accade qui, nella nostra casa, nel nostro villaggio. Poi, da giovane gesuita, durante il noviziato, ebbi modo di riflettere sulle parole di Origene, secondo il quale Cristo nasce diverse volte, una a Betlemme, le altre nei nostri cuori, e tutte sono parimenti decisive. La verità è che la Palestina costituisce il passaggio affinché ciascuno di noi, in ogni luogo, possa vivere questo mistero dell'umanità chc accoglie la divinità. Così, pian piano, è maturato quel desiderio di visitare la Terra Santa solo dopo la morte, accompagnato dal Signore.

Come mai allora decise di partire per la Terra Santa?

La mia *équipe* era desiderosa di partecipare ad un pellegrinaggio e dunque accettai di unirmi a loro perché pensai fosse molto bello andare tutti insieme: ciò che si conosce nella comunione rimane, non si scorda, è una conoscenza diversa da quella che si raggiunge da soli.

Nel viaggio, ad accompagnarci, vi fu una guida straordinaria, don Giacomo Morandi: con lui visitammo e sostammo in quei luoghi che ci rendono contemporanei a Gesù: seguendo questo criterio, vivemmo un'esperienza molto intensa. È un po' come quando accompagno gli studenti a visitare San Pietro: entrando nella piazza, dico sempre loro di osservare molto bene l'obelisco perché è lì che ci si incontra con Pietro: quello è l'obelisco che vide l'apostolo e lo vide, molto probabilmente, anche negli ultimi istanti della sua vita. È questo l'oggetto che ci rende contemporanei a lui.

Come descriverebbe l'esperienza spirituale vissuta durante il pellegrinaggio?

Potrei dire che, per me e i miei collaboratori, quel pellegrinaggio ha rappresentato soprattutto una potente esperienza ecclesiale, comunionale. Trascorremmo dieci giorni dando sempre la precedenza al Signore, sperimentando, concretamente, come Dio ha vissuto da uomo e come l'umanità si fa accogliente e si trasfigura in questa nuova esistenza relazionale: fu una tensione spirituale che consolidò e vivificò in noi la dimensione ecclesiale, ossia il percepirsi corpo di Cristo. E questa è una dimensione fondamentale che qualifica un'esistenza autenticamente cristiana.

Rimase colpito dalle opere d'arte viste in Terra Santa?

Direi di no. Delle epoche nelle quali l'arte sapeva cogliere la presenza del mistero, ossia il primo bizantino e il primo romanico, sono rimaste ben poche testimonianze, mentre ve ne sono in gran numero delle epoche successive, ma sono per lo più scenografiche e decorative: poco interessanti, per me. Durante il pellegrinaggio prestai invece molta attenzione ad alcuni luoghi, agli alberi, alle nuvole, al vento, alla luce…

Si può dire che lei fu meno attento alla dimensione artistica e maggiormente a quella estetica?

Sicuramente, in quanto l'estetica tratta della bellezza ed essa è l'amore realizzato, il quale non è altro che la verità che si rivela come amore. E dove si è rivelata la verità come amore se non proprio in Terra Santa? È proprio questo che cercai di cogliere durante quel pellegrinaggio, camminando e osservando, in silenzio.

A suo giudizio, la cultura occidentale è sensibile, anche in chiave educativa, alla dimensione artistica ed estetica?

Purtroppo no e sono persuaso che andrà sempre peggio perché, ormai da secoli, domina una cultura scientifica, empirica, matematica, che ha smarrito il senso del mistero dell'essere umano. È sufficiente considerare il ruolo che hanno le arti per la conoscenza: nessuno. Se oggi una persona affermasse che la poesia e le arti figurative sono vie regali alla conoscenza susciterebbe un sorriso di compatimento.

Il simbolo è stato ucciso secoli fa ed è vero che oggi lo abbiamo riscoperto, ma solo a livello linguistico, semantico: il simbolo è stato ridotto a qualcosa che ne significa un'altra, mentre esso è presenza, è comunicazione di una presenza, che genera comunione. La Terra Santa è un luogo eminentemente simbolico, nel senso vero, teologico: vai lì, vedi un albero ed esso ti unisce a un evento e a una Persona: ciò è straordinario.

Avrebbe grande valore educativo, per costruire una cultura autenticamente umanistica e quindi relazionale, riscoprire i luoghi della cristianità, anche in Europa: sarebbe un progetto interessantissimo, che non dovrebbe però avere una connotazione ideologica, ma spirituale, culturale, estetica nel senso di cui dicevamo poc'anzi.

Ebbe mai desiderio di realizzare un mosaico in una delle località visitate?

No, quando sono in giro per il mondo non ho mai questo desiderio perché da anni vivo la mia vocazione come risposta a una chiamata: se mi chiama la Chiesa, allora rispondo sapendo che la via è giusta. Però, lo ammetto, in alcuni edifici sacri visitati mi ritrovai a pensare che forse gli artisti avrebbero potuto operare diversamente, con maggiore semplicità, forza, densità. Pensiamo al primo bizantino e al primo romanico: quell'arte aveva un linguaggio essenziale, semplice, povero quasi, capace di accogliere l'azione di Dio. Quando le forme sono elaborate, ricercate, perfette, non c'è più nulla da aggiungere: in esse è presente solo l'uomo, che ha fatto tutto. E non c'è più posto per Dio.

Quali ricordi conserva di Gerusalemme?

I momenti vissuti sul Getsemani furono così intensi che non li scorderò mai, sono dentro di me con il sapore e il gusto che mi diedero in questi istanti. Rammento vividamente come mi apparve la città da quell'altura: è un'angolatura geografica, ma soprattutto teologica: dal luogo in cui Dio si è consegnato nelle mani degli uomini appare la spianata del tempio e lì «vedi» il cammino e il travaglio della storia per giungere a un rapporto divino-umano

davvero libero e di amore: la divina umanità di Cristo ha
inaugurato una nuova era, sono finiti un culto, un sacrificio, una liturgia: si è compiuto il passaggio dalla religione
alla fede, a un Dio che ha un volto. Lo ripeto: quella che
si ha dal Getsemani è un'angolatura potente, perché poi
guardi verso il deserto di Giuda, verso quella strada che
da Gerusalemme scende a Gerico, e capisci il racconto di
Gesù, capisci perché il sacerdote e il levita, osservando i
loro precetti religiosi, non si fermarono a soccorrere il
malcapitato, mentre un uomo, un samaritano, seppe vedere e intervenire. Il cristianesimo è religione della cura
e della misericordia.

Ricordo molto bene anche la discesa percorsa da Pietro,
dove l'apostolo sperimentò sino alle lacrime tutta la fragilità umana che si appoggia a se stessa, confidando solo
sulle proprie capacità, sul proprio io. L'apostolo vide
crollare la sua presunzione, le sue promesse andarono in
frantumi e si scoprì «nudo»: fu in quel momento che incontrò lo sguardo di Cristo e la sua misericordia.

L'esperienza di Pietro è esemplare: appare sempre difficile per l'essere umano accettare di farsi salvare da Dio.

Più passano gli anni più sento la verità della Sacra Scrittura: nel capitolo 3 della *Genesi* vi è l'inizio di tutto: l'uomo ha rinunciato ad essere sacerdote e ha scelto di essere
consumatore, invece di rendere sacrificio di grazie e di
lodare il Creatore per ciò che ha ricevuto, riconoscendone in questo modo l'origine e lo scopo, ha deciso di prendere, di afferrare predatoriamente. Aprire la mano per

ricevere è difficilissimo. L'accoglienza è senza dubbio l'impegno più faticoso che l'umanità affronta, in ogni epoca. Tanto è vero che oggi si parla meno di accoglienza è più spesso di tolleranza, che è ben altra cosa.

> *In Medio Oriente, e non solo in quella regione del mondo, i cristiani spesso vivono nella sofferenza, vittime di prepotenze e persecuzioni. Non pensa che i cristiani d'Occidente dovrebbero sostenere e aiutare maggiormente questi fratelli e sorelle nella fede?*

Certamente. Purtroppo, i sentimenti di affetto e riconoscenza verso questi nostri fratelli sono piuttosto rari. Ho l'impressione che prevalga l'indifferenza o una empatia alquanto superficiale. Anni fa, quando il comunismo era saldo nei Paesi dell'Est e noi venivamo in Europa a raccontare la nostra difficile esperienza, non incontravamo, generalmente, un'autentica comprensione: molti erano dispiaciuti per la nostra mancanza di libertà, ma non elaboravano una lettura teologica degli avvenimenti; in altri termini, non arrivavano a comprendere che la salvezza passa attraverso la croce, sempre. Solo chi porta veramente la croce è in grado di capire chi ne porta una più pesante. Chi si aspetta una salvezza miracolosa, facile, a buon mercato, non potrà mai capire davvero le sofferenze che vivono i nostri fratelli perseguitati.

Leonardo Sandri

Nato a Buenos Aires nel 1943 anch'egli, come Papa Francesco, da una famiglia di emigrati italiani, il cardinale **Leonardo Sandri** è da molti anni tra i protagonisti dell'azione umanitaria e diplomatica della Santa Sede, in particolare in Medio Oriente. Ordinato sacerdote a 24 anni, dopo la laurea in teologia nel 1970 è stato inviato a Roma per laurearsi in Diritto canonico alla Gregoriana e nel 1971 è entrato nel servizio diplomatico della Santa Sede. Dopo il Madagascar (1974-1977), ha lavorato in Segreteria di Stato (1977-1989) e negli Stati Uniti (1989-1991). Nel 1991 papa Wojtyła lo ha nominato tra i suoi più stretti collaboratori. Dal 1997 nunzio in Venezuela, poi in Messico, nel 2000 è stato nominato Sostituto (terza carica in Vaticano), ruolo nel quale ha organizzato e partecipato a tutti i viaggi papali. È stato «la voce» di Giovanni Paolo II negli ultimi mesi di vita e con parole indimenticabili ha dato l'annuncio della sua morte la sera del 2 aprile 2005. Dal 2007 prefetto della Congregazione per le Chiese orientali (confermato da papa Francesco nel febbraio 2014), è Gran Cancelliere del Pontificio Istituto Orientale e membro di vari dicasteri della Curia romana.

L'intervista è stata pubblicata nel marzo-aprile 2014

Ritorno alle origini

Intervista di Manuela Borraccino

È stato l'uomo sul cui tavolo «passavano tutte le carte» ed è tra i cardinali che conosce più a fondo la macchina della Curia. Dopo esser stato tra i più stretti collaboratori di Giovanni Paolo II e di Benedetto XVI, dal 2007 il prefetto della Congregazione per le Chiese orientali Leonardo Sandri condivide il travaglio delle terre che «grondano lacrime» per usare l'espressione con cui papa Francesco ha rimarcato che la Santa Sede «non si rassegna a un Medio Oriente senza i cristiani». Uomo gioviale e di profonda spiritualità, dal suo studio in Vaticano confida di sentirsi spiritualmente legato al Cenacolo forse più che a qualsiasi altro Luogo Santo e rimarca che il viaggio del Papa «avrà un profondo significato ecumenico» ma mostrerà anche che la Chiesa «è dalla parte delle vittime innocenti dell'incomprensibile guerra in Siria». «Aiutiamoli a uscire da questa catastrofe umanitaria», è il suo appello (l'intervista viene pubblicata nel marzo del 2014, a poche settimane dal viaggio in Terra Santa di papa Francesco – ndr).

Eminenza, quando è stato la prima volta in Terra Santa?

Ho iniziato a viaggiare in Terra Santa nel 1978 e ho avuto il privilegio di andarci molte volte: come sacerdote e pellegrino, insieme a dei gruppi, poi come vescovo e, da Sostituto della Segreteria di Stato e prefetto della congregazione per le Chiese orientali, per dirimere alcune questioni sulla presenza e attività della Chiesa. Poi in occasione del viaggio di Benedetto XVI nel 2009.

Cosa ha significato per lei il privilegio di andarci spesso?

Devo dire che, pur trattandosi spesso di viaggi di lavoro, per me ogni volta è come tornare alle origini. Come dice il Salmo 87: «In te, Gerusalemme, stanno le mie sorgenti». Lì avverto le sorgenti della mia fede, del mio incontro con Gesù. Perciò ho sempre cercato di unire a queste missioni la dimensione del pellegrinaggio, di farne un incontro di purificazione attraverso i luoghi che sono stati il contesto del passaggio di Gesù sulla terra. Cerco il più possibile di identificarmi con l'emorroissa del Vangelo che toccando il lembo del mantello è guarita, o con i tanti che hanno tentato di sfiorare l'ombra del Signore. Mi sforzo di ritornare all'umanità di Cristo come fonte della mia conversione, di purificarmi a contatto con i luoghi che hanno visto i suoi passi, ricevuto la sua voce e il suo sguardo.

A quali luoghi si sente più legato?

Oltre al Santo Sepolcro che rappresenta il fulcro della nostra fede, oltre a Betlemme dove l'umanità ha ricevuto l'annuncio della pace, oltre al lago di Tiberiade con le tempeste che la Chiesa vive in ogni tempo ma anche confortati dalla presenza di Gesù che calma il vento contrario, oltre a molti altri luoghi, dal Monte delle Beatitudini a Cafarnao, uno dei luoghi che mi è più caro è senz'altro il Cenacolo: è lì che è avvenuta l'Ultima cena, è lì che il Signore si è donato nell'Eucarestia nella quale vive la Chiesa, è lì che il Signore si è donato a noi nel sacerdozio, è lì che il Signore ci ha indicato con la lavanda dei piedi la strada dell'umiltà e del servizio, come mi ricorda un'icona etiopica che tengo a casa. Un monito per noi pastori e per tutta la Chiesa. Nel Cenacolo poi è avvenuta la Pentecoste: con la forza dello Spirito che si espande fino ai confini della terra è nata la Chiesa, accompagnata da Maria. Il Cenacolo è quasi l'emblema delle aspirazioni dei discepoli di Cristo, confortati dallo Spirito e dal mandato del servizio.

Proprio il Cenacolo è al centro da anni di una trattativa per la restituzione. Crede che possa esserci un gesto verso papa Francesco?

Penso che le sorprese non siano da escludere, specialmente da un popolo sensibile alle istanze religiose come il popolo d'Israele, un popolo che capisce l'importanza di questo luogo per i cristiani, e per i cattolici in particolare. Sarebbe magnifico non solo perché sarebbe un atto unilaterale, ma soprattutto come gesto di corrispondenza all'amore che papa Francesco dimostra per il popolo ebraico, e che tutti manifestiamo per la fede di Abramo.

In trent'anni come ha visto cambiare la situazione sul campo?

Oggi vediamo con dolore a quante restrizioni siano costretti i palestinesi per via del muro di separazione ed è ancora più penoso pensare che le limitazioni alla libertà di movimento riguardino anche l'accesso ai Luoghi Santi, specialmente a Gerusalemme che è il cuore delle tre religioni monoteistiche, toccando un diritto fondamentale qual è l'esercizio della libertà religiosa. Il dover constatare che due popoli con tanta ricchezza spirituale e materiale non riescano ancora a vivere in pace, in un'atmosfera di scambio, di concordia, di arricchimento reciproco è causa di grande tristezza. Auspichiamo che oltre al bene della sicurezza si comprenda l'importanza di altri valori che sono altrettanto importanti per la vita degli individui e delle Nazioni. Nonostante tutto, ci sono segni di speranza e speriamo che questo possa essere anche il frutto del viaggio di Papa Francesco in Terra Santa.

A suo avviso ci sono margini per la ripresa del processo di pace?

Malgrado tutti gli stalli, il dialogo è andato avanti. La Chiesa auspica che proseguano gli sforzi per la composizione ragionevole, giusta, armonica dei diversi interessi e aspirazioni di israeliani e palestinesi e chiede il rispetto della libertà religiosa e della libertà di movimento per tutti, chiede che la sicurezza sia garantita a tutti e non solo agli israeliani, chiede che non si debba vivere nella paura: tanti cristiani sono stati costretti a chiedere rispetto dopo episodi di minacce e di vandalismo avvenuti negli ultimi anni. Credo che ci siano gli spazi per proseguire con decisione un cammino di riconciliazione, con quella grandezza d'animo che fa superare le paure e che porta a soluzioni onorevoli per tutti.

Lei è stato in Libano nel gennaio 2014, per l'ordinazione episcopale di mons. George Abou Khazen, vicario apostolico di Aleppo. Che impressioni ha tratto da questo viaggio?

Ho visitato uno dei pochi campi di rifugiati siriani che è stato consentito allestire: vedere bambini e anziani camminare scalzi nel fango, al freddo, strappati dalle loro case, grida vendetta al cospetto di Dio! Torniamo a rivolgere un appello urgente a tutti, perché sia assicurata assistenza umanitaria a questi profughi. È necessario un moto di solidarietà verso le vittime di questa guerra che resta incomprensibile alla ragionevolezza umana.

Come guarda al futuro dei cristiani nella regione?

I cristiani hanno dato un contributo fondamentale ai loro Paesi e sono una componente costitutiva delle loro società, con un ruolo fondamentale nel dialogo fra

cultura cristiana e cultura musulmana, nella modera-
zione, nella reciprocità, nel rispetto del pluralismo.
Basti pensare al ruolo che hanno svolto in Egitto, in
Libano, in Siria e in Iraq negli ultimi 150 anni le istituzioni educative cristiane nella formazione della classe
dirigente dei vari Paesi: i cristiani sono stati dei pionieri! La Santa Sede chiede che venga fatto il possibile
perché siano messi in condizione di contribuire anche
oggi allo sviluppo dei loro Paesi, che non rappresenti-
no più l'anello debole nel conflitto intra-islamico fra
sciiti e sunniti.

Qual è il significato del prossimo viaggio del Papa ad
Amman e a Gerusalemme?

Ad Amman sarà molto importante l'incontro di papa
Francesco con le vittime di questa catastrofe umanitaria
causata dalla guerra in Siria, dopo la tragedia in Iraq.
L'incontro con i profughi mostrerà che la Chiesa è dalla
parte di quelli che più soffrono, e costituirà un appello
al mondo intero per un aiuto concreto a queste persone.
Ma il viaggio avrà fondamentalmente un significato ecumenico, sulla scia di un interrogativo che ci interpella
tutti e che è sempre più incomprensibile: perché siamo
divisi? Perché se tutti crediamo in Cristo stiamo dando
questo spettacolo di divisione? È enormemente significativo che il Papa incontrerà il patriarca Bartolomeo e lo
abbraccerà esattamente come 50 anni fa si abbracciaro-
no Paolo VI e Atenagora proprio nel Santo Sepolcro, che
rappresenta il luogo in cui si avverte maggiormente la

divisione dei cristiani. Proprio lì Francesco e Bartolomeo si abbracceranno, per rinnovare la promessa di voler arrivare all'unità, come nell'orazione al Padre di Gesù: «Che essi siano una cosa sola».

Cosa c'è da aspettarsi sul piano ecumenico?

Nel ricordo del passato, di tutto quello che si è fatto in questi 50 anni, sarà un'occasione per dirsi: dobbiamo andare avanti. Sia con la preghiera, nell'ecumenismo spirituale, che con i passi da compiere per giungere all'unità.

È passato un anno dal giorno della «sorpresa di Francesco». Che riflessioni le suscita il Papa venuto, come lei, «dalla fine del mondo»?

Certamente il 13 marzo 2013 è stato un giorno di sorpresa, però le sorprese vere sono iniziate dal 14 marzo: da allora vediamo il Papa non smettere di sorprenderci con questa freschezza di spirito con la quale ci punzecchia ogni giorno chiamandoci alla conversione, ad essere più fedeli a Gesù, ad essere più essenziali nel seguire Cristo. È entusiasmante vedere in tutti i suoi gesti e nelle sue parole la presenza viva dello Spirito agire nel suo ministero e nel suo pontificato.

Da dove pensa che verranno le resistenze principali al «rinnovamento missionario» lanciato con la Evangelii gaudium*?*

Le resistenze sono in un certo senso fisiologiche perché ciascuno di noi è abituato a una certa routine o perfino all'inerzia, anche nel modo di vivere la fede. Però io credo che con il tempo risulterà sempre più evidente che il Papa ci sta spronando ad andare all'essenza della fede e ad essere testimoni più credibili del Vangelo. Teniamo presente che il Papa non sta inventando nulla: il mondo dominato dall'idolatria del denaro, dalla «cultura dello scarto», dal traffico di essere umani, dall'indifferenza per i poveri, dalla mancanza di mezzi per vivere una vita degna... tutto questo non lo ha inventato il Papa. Lui ci sta dicendo che questo è il mondo in cui deve essere annunciato il Vangelo, senza paura e senza condannare nessuno, ed è un appello alle nostre coscienze a vivere ogni giorno, davvero, la gioia del Vangelo.

Che ricordo conserva di Giovanni Paolo II e dei suoi ultimi mesi?

Ricordo i giorni del Papa al Gemelli, in particolare alla fine del secondo ricovero. Mi impressionò un breve dialogo con lui dopo la tracheotomia, quando si cercò di insegnargli un nuovo modo di parlare, e la sofferenza più grande per il Papa era vedere la sua impotenza nell'emettere la voce. Nonostante il dolore, il Papa fece quello sforzo gigantesco di apprendimento. Gli chiesi: «Santità, noi cosa possiamo fare per lei?». E lui mi rispose: «Riportarmi a casa!». Che voleva dire: «Farmi riprendere la mia missione unito al Signore». Non dimenticherò mai la sua forza di volontà in quei giorni tanto dolorosi: percepii chiaramente che quella forza non veniva da lui ma gliela dava il Signore. La forza di dire a se stesso e ai suoi collaboratori: voglio tornare a casa, tornare a parlare nonostante la tracheotomia, riprendere il mio lavoro, il mio ministero e il mio servizio.

Lucetta Scaraffia

Lucetta Scaraffia, nata a Torino nel 1948, insegna Storia contemporanea all'Università La Sapienza di Roma. È inoltre membro del Comitato nazionale di bioetica e consultore del Pontificio consiglio per la nuova evangelizzazione. Insieme a monsignor Timothy Verdon e Andrea Gianni fa parte del direttivo dell'associazione *Imago Veritatis – l'arte come via spirituale* che ha organizzato la mostra *Il Volto e il corpo di Cristo* presso la Venaria Reale (Torino). Collabora con diverse testate, fra cui *L'Osservatore Romano*, per il quale coordina dal 2012 il mensile *Donne, Chiesa, Mondo*.

La sua opera più recente è *La parte del cielo. I giubilei e la misericordia* (il Mulino 2015). Segnaliano anche *La santa degli impossibili. Rita da Cascia tra devozione e arte contemporanea* (Vita e Pensiero 2015), *La Chiesa delle donne* (Città Nuova 2015), *Due in una carne. Chiesa e sessualità nella storia* (con M.Pelaja, Laterza 2008). Ha inoltre scritto il saggio introduttivo in *Invito alla lettura dell'opera omnia di Benedetto XVI*, LEV, 2010.

Tracce vive di una presenza

Intervista di Cristina Uguccioni

Storica rigorosa, voce femminile tra le più sensibili e appassionate del cattolicesimo italiano, Lucetta Scaraffia è docente di Storia contemporanea all'università La Sapienza di Roma. Ha dedicato le proprie ricerche soprattutto alla storia delle donne e alla storia del cristianesimo, con particolare attenzione alla religiosità femminile. Il suo incontro con la Terra Santa è avvenuto diversi anni fa, grazie a un caro amico, come ci racconta: «Don Francesco Ventorino, sacerdote di Comunione e Liberazione, mi propose di partecipare al pellegrinaggio che stava organizzando. Non avevo mai pensato di fare un viaggio in Terra Santa, ma decisi di accettare. Quello era il periodo nel quale il turismo religioso stava lentamente ricominciando dopo le violenze della seconda *intifada*. Ricordo che vi erano ancora pochissimi pellegrini e turisti, ogni tanto incrociavamo sulla nostra strada solo un gruppo di nigeriani. Affiancava don Francesco un altro sacerdote, che risiedeva all'Istituto Biblico di Gerusalemme, una persona che si rivelò particolarmente adatta ad accompagnarci. Questi due sacerdoti riuscirono a farci vivere un pellegrinaggio che definirei ottimo sia dal punto di vista spirituale sia da quello culturale, storico e artistico. L'accompagnamento spirituale, se fatto bene, ossia con delicatezza e con la capacità di far comprendere il senso profondo delle parole di Gesù, è fondamentale».

Quale fu la sua prima sensazione quando giunse in Terra Santa?

Come dicevo poc'anzi, non avevo mai pensato di andare e certo non immaginavo che quei luoghi fossero ancora così impregnati della presenza di Gesù. Durante quei giorni ebbi netta la sensazione che quello che stavo compiendo non era un viaggio commemorativo o storico, ma il viaggio in una terra che mantiene vive le tracce della presenza di Dio che si è fatto uomo.

È stato determinante per il suo cammino di fede?

Indubbiamente sì: sono stati giorni di un'intensità che non esito a definire straordinaria: mi hanno confermato nella fede e aiutato a voler bene a Gesù.

Per molti il pellegrinaggio in Terra Santa comporta anche l'acquisizione di una maggiore consapevolezza del mistero dell'incarnazione. A questo proposito, ritiene che il cristianesimo occidentale sia anche oggi insidiato dal rischio di una fuga più o meno consapevole nello gnosticismo?

Ritengo che il rischio sia presente anche ai nostri giorni, e per diverse ragioni. Ne indico una: l'incarnazione è, sotto molti aspetti, difficile da accettare. Si tratta di una realtà talmente sorprendente e impensabile – Dio che si fa uomo per amore delle sue creature – che si tende a metterla da parte, a minimizzarla. Sicuramente chi si reca in Terra Santa non può, non riesce più a confinare in un angolo l'incarnazione: la può toccare, e non solo nei luoghi: io ho proprio sentito che lì c'era stata la presenza di Dio e che Dio si è fatto uomo; la definirei quasi come una presenza fisica. Un viaggio nella terra dove Dio ha scelto di vivere contribuisce notevolmente a rendere l'incarnazione reale sbarrando il passo al rischio di una deriva gnostica.

Quali località la colpirono maggiormente?

Fui felicemente impressionata da Betlemme, che trovai molto suggestiva anche perché, quando vi giungemmo, stava nevicando. E poi, Gerusalemme: la carica di sacralità presente in quella città non esiste in alcun'altra parte del mondo, è unica. Ricordo bene il panorama che si gode dal monte degli Ulivi: lo giudicai insuperabile. Naturalmente rimasi molto colpita, come penso accada a molti, dalla basilica del Santo Sepolcro. Colpita sotto diversi punti di vista: anzitutto perché lì è condensato il fulcro della nostra fede, il mistero della morte e risurrezione di Cristo, e poi per la «spartizione» della basilica, che rende visibile la divisione della Chiesa, che Cristo volle «una». La difficile coabitazione fra le diverse confessioni provoca sempre ai pellegrini dispiacere e dolore, però allo stesso tempo si comprende che questa «spartizione» è anche segno di un'affezione viscerale, un attaccamento fortissimo a Cristo morto e risorto.

Ebbe modo di avere contatti e rapporti con la popolazione locale?

Sì. Oltre a un incontro con il Custode di Terra Santa e il nunzio apostolico, facemmo visita ad alcuni ospedali, conversammo con diverse persone a Betlemme e anche con alcune guide locali che ci accompagnavano: erano cristiani maroniti e ci raccontarono la loro esperienza e la loro quotidianità, segnata da molti disagi e problemi. Quando ci spostammo da Gerusalemme a Betlemme mi resi conto di persona di quanto un viaggio che sulla carta è semplice e breve, fosse in realtà complicato e faticoso. Vi fu poi un episodio che mi colpì molto.

Vuole raccontarlo?

Accadde tutto in una sola giornata: al mattino ci recammo in visita al Cenacolo e nella cappella inferiore dell'edificio, dove si conserva la tomba di re Davide, potei ascoltare degli ebrei ortodossi che cantavano i salmi. Nel pomeriggio, a Betlemme, udii un gruppo di uomini cantare i salmi nella basilica della Natività e un altro gruppo cattolico, anche questo maschile, recitarli nella chiesa di santa Caterina. Queste tre scene, concentrate nell'arco di poche ore, mi fecero riflettere sia sul fatto che esiste un modo maschile e uno femminile di rivolgersi a Dio, sia sul fatto che cristiani ed ebrei sono veramente legati da un vincolo indistruttibile, la parola di Dio.

Molto si è detto e scritto a proposito dello status di Gerusalemme: qual è la sua posizione al riguardo? Come immagina il futuro di questa città?

Ritengo che dovrebbe diventare città internazionale perché l'intera sua storia indica questa come la soluzione preferibile. Mi sembra difficile che qualcuno possa, con ragioni inoppugnabili, definirsi «proprietario» di questa città che, lo ripeto, non ha eguali al mondo. La sacralità che essa esprime e contiene è un *unicum*. Certo in questa città non mancano fatti dolorosi, impressionanti e incomprensibili per noi pellegrini cristiani: ricordo ad esempio che facemmo la *Via crucis* e alcuni arabi ci sputarono addosso. Così come rammento i soldati israeliani che, armi in pugno, trattavano con ruvidezza noi pellegrini cristiani, che nulla avevamo a che fare con le tensioni che quotidianamente segnano questa città.

Al di là dello status di Gerusalemme, la questione è che la Terra Santa non è un territorio come tutti gli altri: non lo è stato nel passato e ritengo non lo sarà neppure in futuro: la presenza di Dio è così rilevante da aver sempre suscitato appetiti fortissimi che hanno causato anche grandi violenze. Questo pezzo di terra resta il più sacro al mondo e quindi il più conteso. Israele vuole essere uno Stato completamente laico, tuttavia mi pare che dietro questo tentativo di laicità si celi sempre una tensione radicata e diffusa che finisce per avere il meglio.

In Medio Oriente, così come in un numero sempre maggiore di Paesi, i cristiani sono vittime di violenze e persecuzioni. A me pare che fra i cristiani d'Occidente prevalgano, purtroppo, indifferenza e tiepidezza verso questo dramma, sul quale invece interviene spesso, con appelli e preghiere, papa Francesco.

Sono d'accordo, indifferenza e tiepidezza, fra i cristiani d'Occidente, sono diffuse e prevalenti. Il problema è che non si ha più la percezione di essere Chiesa, non ci si ritiene membra di quello stesso corpo che è la Chiesa, e quindi non si agisce di conseguenza. È come se ognuno pensasse per sé e per il proprio orticello. In realtà noi facciamo parte di quel mondo ferito. A peggiorare le cose vi è il fatto che, in certa stampa, gli articoli che riferiscono di persecuzioni e violenze hanno una sgradevole intonazione, quasi volessero insinuare: «se la sono andata a cercare». Ciò è molto triste e inaccettabile.

Quali iniziative, a suo parere, si potrebbero avviare?

Penso, ad esempio, che ciascuna nostra comunità o diocesi potrebbe adottare una comunità di cristiani perseguitati, costruendo scambi e legami. Questo potrebbe essere un modo per edificare e vivere una fratellanza più autentica e concreta.

Antonio Mazzi

Don Antonio Mazzi è un sacerdote dei Poveri Servi della Divina Provvidenza (Opera Don Calabria). Nasce a Verona del 1929 e viene ordinato a Ferrara nel '56. Nei primi vent'anni del suo ministero svolge un'attività pastorale con particolare attenzione all'educazione e alla formazione dei ragazzi disabili. Negli anni Sessanta si specializza in pedagogia, psicologia e psicoanalisi. Negli anni Settanta inizia il suo interesse per il fenomeno della tossicodipendenza e partecipa a *stage* in centri di riabilitazione all'estero (Usa, Germania, Olanda, Francia e Svizzera). Quando diventa direttore dell'Opera don Calabria di Milano in via Pusiano, a ridosso del Parco Lambro, tragicamente famoso come il più grande mercato europeo dello spaccio, si pone la domanda di cosa fare per i ragazzi tossicodipendenti. Nel 1984, chiede di occupare la Cascina Molino Torrette nel parco Lambro, che diventerà poi la sede principale di Progetto Exodus, da lui appena lanciato. Negli ultimi trent'anni si è dedicato far crescere le comunità e i progetti educativi di Exodus. Negli anni Novanta è diventato un noto volto televisivo e ha ricevuto tre lauree *honoris causa*.

L'intervista è stata pubblicata nel settembre-ottobre 2014

Il Vangelo è la strada

Intervista di Carlo Giorgi

«La Terra Santa è la terra di un popolo in cammino. E dove c'è cammino c'è già liberazione. Il cammino è strada, incontri, esperienze. Noi, in fondo, nella vita abbiamo bisogno solo di fare questa esperienza: riconoscere come straordinario quello che gli altri considerano normale. Di scoprire il miracolo che c'è in ogni uomo». Don Antonio Mazzi, prete di strada, autore di *best seller*, volto televisivo molto noto, poco prima di compiere 85 anni si è fatto un regalo: ha scelto di recarsi per l'ennesima volta in Terra Santa. Un pellegrinaggio importante, in un luogo che ama come nessun altro. Gli ultimi trent'anni della sua intensissima vita don Antonio li ha dedicati alla Fondazione *Exodus*, che si occupa di indicare ai ragazzi tossicodipendenti un nuovo cammino di vita, in alternativa a quello di morte in cui erano caduti. Trent'anni vissuti tenendo nella mente e nel cuore l'esempio universale di un popolo in cammino, guidato dalla promessa di una terra dove vivere finalmente in pace. Abbiamo incontrato don Antonio appena tornato dal suo pellegrinaggio, per chiedergli di condividere con noi il suo rapporto con la Terra Santa.

«Assieme a Santiago de Compostela, la Terra Santa è sicuramente la meta di pellegrinaggio che preferisco – racconta don Mazzi –. Nella mia vita ci sarò andato almeno dieci volte… In Terra Santa mi piacciono soprattutto i luoghi non costruiti, gli spazi aperti: quando vado, ad esempio, preferisco dire la messa nel deserto, i santuari li lascio agli altri: per me il deserto è affascinante in tutti i sensi; c'era al tempo di Cristo e c'è ancora oggi, mentre degli altri luoghi non ne sono sicuro. Un altro posto che mi affascina sempre è il Lago di Tiberiade e tutto quello che c'è intorno. Ogni volta che posso, mi prendo del tempo per camminare. E poi la collina delle Beatitudini e il giardino del Getsemani, con i suoi ulivi. Ci sono alberi che amo molto e l'ulivo è uno di questi. A me piace il Vangelo perché è il Vangelo dei non luoghi, delle non strutture, della strada. Il Vangelo della semplicità. Per me questo è il Vangelo concreto. Ogni volta che vado giù mi porto a casa qualcosa proprio perché cerco di andare dove penso che ci sia stato in qualche maniera un passaggio di Cristo».

Che cosa trova don Mazzi in Terra Santa?

Più della Parola, il silenzio. In quei luoghi ognuno ha diritto di sentire quello che ha dentro, anche di dissentire… A me la Palestina piace perché, in fondo in fondo, è tutto tranne che istituzione: lì è il luogo dove Cristo ha detto che il tempio di Dio non è fatto di mattoni e dove il rapporto con Dio è diventato uno dei rapporti più semplici. Sono molto legato alla preghiera del Padre Nostro, che è la sintesi del Vangelo: nelle ultime righe c'è scritto «non ci indurre in tentazione». Mi sembra un richiamo all'*Esodo*. Lo tradurrei come «liberaci dalla tentazioni». Il Vangelo soprattutto è iconoclastia: ha buttato giù tutto quel che in qualche maniera assomigliava alle statue, tutto quello che ci portava lontano. Nel Padre nostro, quel «nostro» significa che Dio da lontano diventa vicino: il cielo che diventa terra e la terra che diventa cielo, quindi lì salta la lontananza. Mentre per le altre religioni c'è un Dio lontano, per noi c'è questa cosa straordinaria. Per cui quando so che devo andare in Terra Santa, gli esercizi spirituali li faccio lì, non guido io il pellegrinaggio ma mi accodo, preferisco essere guidato e non guidare; non tanto perché voglio sentire quello che dicono ma perché voglio vivere queste emozioni che mi lasciano sempre molto.

*Il progetto educativo che ha fondato trent'anni fa si chiama Exodus ed è un riferimento al libro dell'*Esodo*, che racconta il cammino del popolo d'Israele verso la Terra promessa. Che cosa c'è di formativo, di educativo nella Terra Santa?*

Là tutto è educativo, anche perché l'uomo che cammina è un uomo «in educazione», è un uomo «in liberazione». Il libro su cui riflettiamo noi è l'*Esodo*; ma in tutta la Bibbia, a ben vedere, dove si cammina c'è liberazione. Questo è il grande concetto che è stato ripreso anche da papa Francesco. Per cui non c'è bisogno di grandi teorie. Il problema è che abbiamo dentro di noi una montagna di testi, di carte, che non diventeranno mai sangue. Perché dove c'è teoria, non c'è verità. Tanto è vero che Cristo ad un certo punto ha detto, «cercate la verità? Eccomi!» Noi invece abbiamo trasformato l'educazione, il Vangelo, la fede in teorie. C'è una grande presenza di teorie e una grande assenza di Spirito. E questa è la morte del Vangelo.

Dunque, l'insegnamento dell'Esodo...

È mettersi in cammino, in atteggiamento di «educazione»... E se ci rendiamo «educabili», diventiamo educatori. E l'educabilità avviene attraverso gli incontri, l'esperienza, cercando di leggere i segni, anche non straordinari, che ci sono quotidianamente nella nostra vita.
Non abbiamo bisogno di miracoli, perché già dal punto di vista antropologico ogni uomo è un miracolo, che lo sappiamo cogliere o meno... Cristo ha cambiato il mondo con dodici uomini che erano dodici «scartini». Non erano cardinali con tre lauree... Erano dodici persone normali che hanno fondato la Chiesa.
Se questo è il Vangelo, noi cerchiamo di attingere a questa esperienza: il cammino è proprio esperienza, incontri, strada... non abbiamo bisogno di strutture, abbiamo bisogno di vedere come straordinario quello che gli altri considerano normale. Chi vede un campo di frumento, spesso vede solo un campo di frumento; se hai la fede invece vedi l'Eucaristia. Chi viene da me e vede dodici ragazzi che hanno commesso dei delitti, vede dodici carcerati; io vedo invece dodici miracoli; cioè dodici incontri

con qualcosa di unico. Che è mistero, che ha un nome e un cognome. E su questo lavoriamo.

Nel maggio 2014 papa Francesco ha compiuto un pelle-grinaggio di preghiera in Terra Santa. Che cosa l'ha col-pita di più di quel viaggio?

Il segno che mi è rimasto più impresso è stata la sosta di Bergoglio al muro di separazione tra Israele e Palestina. Perché io quel muro l'ho visto bene, l'ultima volta che sono stato in Terra Santa ci siamo fermati a mangiare pro-prio davanti a quel muro. Quello è davvero il «muro del pianto» più che quell'altro (il Muro occidentale del tem-pio di Gerusalemme – ndr). Il gesto di fermarsi al muro di separazione mi ha colpito anche perché è andato a que-sto muro e a quell'altro; non ha accontentato uno solo dei contendenti ma ha costretto tutti ad accettare che c'è una verità di qua e una verità di là, c'è una ingiustizia di qua e un'ingiustizia di là.

Ci racconti dell'ultima volta che è andato in Terra Santa...

Ci sono stato, accompagnato proprio da un francescano, il Commissario di Terra Santa per la Lombardia, fra Fran-cesco Ielpo. Quando nel 1984 iniziammo l'avventura di Exodus, eravamo simbolicamente partiti con una carova-na. Oggi, a trent'anni di distanza, io mi sto preparando a «lasciare l'eredità»; così abbiamo fatto un gesto per me pieno di significato: un pellegrinaggio in Terra Santa con le 6-7 persone a cui lascerò la Fondazione Exodus, per-

ché volevo in qualche modo simbolicamente battezzarle.
Abbiamo fatto una piccola carovana e nel deserto, sulla
strada da Gerusalemme a Gerico, quella della parabola
del buon Samaritano, abbiamo acceso una fiaccola che
ora verrà portata in tutte le comunità ed i centri di Exodus. Poi il Padre Eterno farà quel che vorrà.

Ermanno Olmi

Ermanno Olmi, nato a Bergamo nel 1931, è il regista degli umili e il poeta cinematografico della vita comune. Raggiunge il successo nel '78, quando vince la Palma d'oro al Festival di Cannes per il film *L'albero degli zoccoli*. Nell'88 viene premiato con il Leone d'oro per *La leggenda del santo bevitore*. Nel 2008 riceve il Leone d'oro alla carriera. Ai temi della fede Olmi ha dedicato più di una pellicola: nel 1965 realizza *E venne un uomo*, film sulla vita di Giovanni XXIII. Nell'82 gira *Camminacammina*, che racconta l'ipotetico viaggio dei Magi alla ricerca del Salvatore; nel '94, un episodio televisivo dedicato al libro della *Genesi*.

Sempre di tematica religiosa il film *Centochiodi* (2007) e il più recente *Il villaggio di cartone* (2011), in cui si affronta il tema di una Chiesa in crisi, che fatica a dare testimonianza del Vangelo. Nel 1964 è l'autore di un documentario dal titolo *Immagini del pellegrinaggio di Paolo VI in Terra Santa*, realizzato utilizzando i nastri girati dagli operatori Rai a seguito di papa Montini a Gerusalemme.

L'intervista è stata pubblicata nel novembre-dicembre 2014

La mia Terra promessa

Intervista di Carlo Giorgi

«Prima di arrivare all'arcobaleno della mia vita, mi piacerebbe andare, chi lo sa, una volta, a vedere quei luoghi...». Desiderata, sognata, addirittura già raccontata
dall'obiettivo della sua cinepresa; ma non ancora conosciuta di persona. È una terra promessa come quella nar-
rata dalla Bibbia, la Terra Santa del maestro del cinema
italiano, Ermanno Olmi. Acuto conoscitore delle Scritture, credente dalla fede profonda e problematica, Olmi
fino ad oggi non è mai stato in Terra Santa. Ciò nonostante, la culla dei tre monoteismi è un luogo caro alla sua
umanità: a Gerusalemme ha grandi amici come lo scrittore David Grossman; e alla Terra Santa ha dedicato film
importanti tra cui *Camminacammina* (sul viaggio dei Re
magi alla ricerca del Salvatore, girato nel 1983) e *Genesi:
la creazione e il diluvio* (del 1994).
Non l'ha mai vista, ma quando ne parla, la storia prende
magicamente forma: «Ma come avranno fatto a immaginare il racconto della Creazione? – si domanda sbalordi-
to –. I primi recensori della nascita del mondo erano pastori analfabeti. Però stavano tutte le notti là, sdraiati, con
una pietra sotto la testa, a guardare queste lanterne del

cielo... Credo che abbiano tentato di scovare il Supremo Artefice dentro alla loro conoscenza oggettiva, in questo caso i cieli, che narrano le origini del mondo. Oggi la nuova religione del mondo è la scienza. Ma la scienza, puntualmente, anche quando lo vuol negare, in realtà afferma tutto ciò che è stato intuito dalle Sacre Scritture. Ecco, i primi 11 numeri della *Genesi* sono una cosa incredibile; è un mistero come la ricerca del mistero di quegli uomini sia riuscita a tanto!», e il maestro ride.

La Bibbia parla spesso del rapporto dell'uomo con la terra; terra da attraversare e conquistare, terra promessa e che dà sostentamento. Anche nei suoi film si parla spesso di questo tema.

La terra produce il cibo per l'uomo. In *Genesi* Dio ha detto in maniera chiara e definitiva qual è questo cibo: «La terra produca germogli, erbe che producono seme e alberi da frutto, che facciano sulla terra frutto con il seme, ciascuno secondo la sua specie». Non ha detto «ammazza il capretto», l'uomo dovrebbe essere legato a questo comandamento. Allora l'uomo ha diritto, assoluto e inalienabile, ad avere la terra necessaria a produrre il proprio cibo. In questa prospettiva, il possesso delle terre da parte di potentati è un crimine, perché nega agli uomini la possibilità di sopravvivere, affama i popoli togliendo loro ciò di cui hanno diritto per disegno divino per motivi naturali. Un altro delitto poi è la degenerazione dei comportamenti: ci sono colture estensive di mais sottratte all'uomo per produrre carburante. Per il profitto si porta via il cibo all'uomo! Si commettono peccati, che sono un crimine verso chi soffre e una bestemmia nei riguardi di Dio. Allora, se questi peccati sussistono, non vorrei che la Terra Santa per alcuni fosse un po' come certe confessioni dove si andava per dare una lustratina all'anima…

Il pellegrinaggio in Terra Santa come un modo per lavarsi la coscienza?

Penso che si debba sempre ricominciare da san Francesco, che dice: «Ecco io mi spoglio di tutto, ricomincio dalla mia nudità». A volte mi sembra che quello che gira intorno alla Terra Santa sia più un *business* che un fatto di fede… Invece fa bene ad andare in Terra Santa chi ha curiosità «belle» e desidera mettere a confronto la fede con il dato storico. La fede non ha bisogno per forza del dato storico, chiarito ed esplicitato. Però è bello quando trovi che la fede, il rapporto tra l'intimo di un individuo e il trascendente, trova riscontro anche nelle cose. A chi guarda con questa curiosità viene in soccorso la stessa realtà oggettiva.

Dopo Genesi, quale altra storia della Bibbia le piacerebbe raccontare con un film?

In assoluto il *Cantico dei cantici*. Il Cantico è un testo erotico. Ha nel sottotesto, perfettamente individuabile, tutto un rinvio all'erotismo amoroso. Quindi all'esaltazione del corpo, del maschio e della femmina, che si sublimano nel rapporto sessuale. E mi piacerebbe farlo, poiché l'erotico è predisposto dalla natura perché l'uomo e la donna si cerchino; fare dell'erotismo cioè una storia d'amore e non un fatto di «usa e getta». Se qualcuno l'ha inserito nelle Sacre Scritture ci sarà un motivo! E il motivo è proprio questo: non abbiate paura dell'erotismo, perché è nella Creazione. Però anche questa, come ogni cosa, vale solo quando è onesta. L'onestà non è la virtù degli sciocchi. L'onestà è forse l'unica via per mettere in atto le nostre legittime curiosità. Quindi anche quando si fa una ricerca, dentro argomenti importanti come questi, se non c'è l'onestà della domanda, non c'è neppure l'onestà della risposta. E allora tutto è vanità.

Girerebbe invece un film sul conflitto arabo-israeliano, sulla Terra Santa di oggi?

Credo di no. Ricordo quando ogni anno, a Natale, andavo a salutare il cardinal Carlo Maria Martini, allora arcivescovo a Milano; lui mi diceva: «La prima cosa necessaria per la pace, è una pace vera tra Israele e Palestina. Finché lì ci sarà la guerra, non ci sarà pace nel mondo». Se c'è una via per realizzare la convivenza tra i popoli, la condizione che non si può prescindere è quella dell'onestà. Coloro che comandano gli Stati, però, onesti non sono. A volte fingono la disponibilità alla pace, ingannandoci. Cosa c'entra tutto questo con quelle pietre testimoni di un passato di cui ancora oggi siamo qui a parlare? Proprio su quelle pietre hanno camminato, ragionato, combattuto opposti interessi: finché pensavano che quel giovanotto ribelle compisse miracoli, correvano tutti da lui; poi, quando hanno capito che i miracoli che Cristo compiva erano di altro genere, erano i miracoli dell'amore, beh, allora hanno pensato: non mi serve... e poi Cristo ammoniva tutti e condannava i trasgressori dell'onestà. Allora, questi trasgressori dell'onestà quando hanno capito che l'impegno era che loro stessi diventassero onesti, hanno preferito Barabba.

Il suo ultimo libro si intitola L'apocalisse è un lieto fine.

Nell'*Apocalisse* è scritto: «Fuori i cani, gli stregoni, i fornicatori, gli omicidi, gli idolatri e chiunque ama e pratica la menzogna» (Apoc. 22, 15.21). E quando se ne andranno, comincerà una nuova era per l'uomo. Infatti l'*Apocalisse* è la storia di un castigo perché l'uomo torni libero, con un nuovo slancio nella vita. L'*Apocalisse* non è una storia di morte, ma una storia di vita. Purtroppo nel tempo questo libro ha assunto solo il significato della condanna. Ma questa è per arrivare alla rinascita (*si corregge*), alla risurrezione. «Non ci sarà più lamento, né lutto, né affanno perché le cose di prima sono passate», è scritto. È questo cos'è se non una risurrezione?

Alessandro Brustenghi

Fra Alessandro Giacomo Brustenghi è nato a Perugia il 21 aprile 1978. All'età di 21 anni decide di donare la vita al Signore e al servizio del suo Regno seguendolo sui passi di Francesco d'Assisi nell'Ordine dei Frati Minori. Nel settembre del 2009, ha emesso nella basilica papale di Santa Maria degli Angeli in Porziuncola la professione perpetua dei voti. Nel frattempo ha studiato canto, affermandosi come tenore, e ormai da qualche anno il suo successo è mondiale. Tre gli album all'attivo, pubblicati nelle principali lingue. Ha tenuto concerti negli Usa (Washington e Baltimora), in Irlanda, Francia, Repubblica Ceca e Malta. È stato ospite della televisione tedesca ZDF. Dopo l'album *Voice of Joy* (nella versione italiana *Tu scendi dalle stelle*), che raccoglie quindici brani di musica sacra e della tradizione natalizia, fra Alessandro ha pubblicato l'album *Voice of Peace* (2015).

L'intervista è stata pubblicata nel gennaio-febbraio 2015

Credo nelle Dio-incidenze

Intervista di Giuseppe Caffulli

Alla fine dell'intervista fra Alessandro non resiste. Nella stanza c'è un piccolo clavicembalo ed è naturale per lui intonare un'aria del Settecento. «La musica per me è bellezza, è armonia, è preghiera; è il riconoscere la proporzione naturale che Dio ha posto nella creazione».

Fra Alessandro Brustenghi è ormai un personaggio di fama internazionale. I suoi dischi sono venduti in tutto il mondo. I concerti della «voce di Assisi» si susseguono incessantemente nelle maggiori capitali europee. Ma basta qualche minuto in sua compagnia per incontrare il cuore di un ragazzo umbro che ha scelto di servire Dio nella via di san Francesco e attraverso il canto. «Quando la gente mi esalta, provo quasi un'umiliazione. Nella verità di me stesso, ho costantemente davanti a me vizi, peccati, difficoltà, limiti. Nonostante le mie piccolezze, il mio servizio mi permette di incontrare tanta gente. Perché questa è la nostra missione: l'incontro e il dialogo».

Fra Alessandro, ma perché un ragazzo del 1978 sceglie di farsi frate?

Il Signore è entrato nella mia storia da adolescente, quando avevo 16 anni. Prima vivevo una condizione non dico di ateismo, ma certamente di idealismo personalizzato. Al centro di tutta la mia vita non c'era Dio, ma il mio io. La conversione e la vocazione sono avvenute in un tempo abbastanza ravvicinato. Dopo aver scoperto la presenza di Dio, il desiderio di donarmi completamente a Lui è maturato nel giro di pochi mesi. E la vocazione ha preso concretezza a mano a mano che mi avvicinavo alla figura di Francesco. Fino a 17 anni non conoscevo praticamente nulla dei frati minori. Poi ho visto il film *Francesco* della Cavani, quello dove il protagonista è Mickey Rourke. Un'opera che tutto voleva essere tranne che propaganda religiosa. Ma io ne sono stato toccato… La mia vocazione è maturata grazie una serie di incontri che potrei chiamare «Dio-incidenze», le coincidenze di Dio, entrate piano piano nella mia vita.

La passione per la musica ti ha accompagnato sempre, sin da bambino, oppure è stata una scoperta successiva?

Avevo nove anni quando ho iniziato a studiare musica. Ero stato folgorato da due figure per me diventate fondamentali: Bach e Michael Jackson. Sembrano mondi distanti. Ma agli occhi di un bambino la musica è musica. E Bach e Michael Jackson non sono in contrasto. La musica, ancora oggi, mi piace tutta.

Nel momento in cui hai deciso di abbracciare la vita religiosa, qual è stata la reazione della tua famiglia?

I miei genitori non erano credenti. Quando ho detto loro della mia intenzione, è stato un disastro. Così per due anni non ne ho più parlato, anche su consiglio del mio direttore spirituale. I miei alla fine si erano convinti che io avessi abbandonato l'idea. Poi però, a 21 anni, ho deciso di lasciare tutto ed entrare in convento. Per i miei è stata dura.

Perché la scelta del francescanesimo piuttosto che altre?

Perché Francesco è entrato nella mia vita. Quando si incontra una persona non c'è mai un motivo, è sempre un disegno di lassù. Francesco mi è venuto incontro. Ma è stato Dio che mi ha salvato dalla fossa, donandomi la sua grazia. Ero in una fase particolarmente buia perché non c'era più nulla, non valeva più la pena nemmeno di vivere in questo modo. È entrato lui e mi sono riscoperto, ho scoperto la verità. È come se mi fossi svegliato da un incubo e mi fossi riconosciuto.

I momenti di crisi non sono pero mancati…

Dopo tre anni di vita religiosa, ho avvertito il bisogno di ritirarmi nel lavoro. Avevo in mente una forma quasi eremitica di consacrazione e l'idea di mantenermi lavorando il legno, che è la mia passione. Avrei avuto la possibilità di fare concerti, di lavorare anche con la musica e avere momenti anche molto intensi di preghiera… I miei superiori non erano d'accordo: dicevano che secondo loro era una tentazione. Io però ero convinto che fosse una vera chiamata di Dio e ho abbandonato il convento. Dopo qualche mese mi sono accorto che i miei superiori avevano ragione in pieno… Il colpo è stato duro, ma salutare. E alla fine il Signore mi ha dato la forza di chiedere di riprendere il cammino francescano.

Oggi sei noto come la «voce di Assisi». Quando scopri il dono del canto?

Cantavo nei cori. La voce non mi mancava, ma non è che avessi un gran dono. Sono entrato al conservatorio per scherzo, perché c'era bisogno di un'iscrizione per completare la classe di una insegnante mia conoscente. Ho cominciato a studiare anche canto, ma non avevo voce. Da buon organista mi piaceva la musica barocca: Bach in testa. Volevo fare il tenore leggero. Ma per due anni è stata dura. Non usciva fuori nulla. Alla fine è venuta fuori questa voce che nessuno si aspettava, del tutto opposta a quella che volevo io.

Come avviene il tuo percorso verso il successo? E come lo vivi da frate?

Durante gli anni trascorsi fuori dal convento, ho proseguito i miei studi di canto. Ho fatto tanti concerti e tanta formazione. Poi, avendo ripreso gli studi di teologia, ho interrotto per circa 6 anni. Ho ripreso a fare concerti nel 2010, grazie ai miei superiori che me ne hanno dato la possibilità. Durante uno di questi concerti, sono stato notato da un collaboratore della casa discografica

Decca, che ha voluto ascoltarmi e mi ha subito proposto la registrazione di un cd. Ero molto perplesso. Ne ho parlato con i superiori e con i confratelli. Tutti mi dicevano la stessa cosa: «Guarda che può essere una grande occasione di evangelizzazione. Forse è Dio che ti sta affidando una missione». Nessuno immaginava però un successo tale. Sinceramente non sono una persona che ama la popolarità.

Come scegli il repertorio musicale?

Nei concerti mi chiedono generalmente musica sacra. Prima di diventare frate non avevo mai cantato questo genere. Mi esibivo con arie d'opera, canzoni napoletane, canzoni italiane... Oggi ho un repertorio di 15-20 brani. Propongo un percorso tematico: la Vergine Maria, l'Eucaristia, la gloria dei santi, il perdono, la redenzione. Non ho grandi programmi per il futuro: ascolto. Sono in ascolto. Quel che mi viene chiesto faccio, nei limiti della volontà di Dio e dei superiori.

Sempre in tema d'incontri, ad un certo punto arriva la Terra Santa...

Confesso. La Terra Santa arriva come una proposta della casa discografica. Io non ci ero mai stato, non avevo mai viaggiato, preso un aereo prima di allora. Dopo il successo del primo cd, per il secondo la Decca mi ha chiesto di registrare in Terra Santa e a Betlemme specificamente. Sono stato felicissimo, perché grazie alla casa discografica ho fatto il mio primo pellegrinaggio in Terra Santa, nel 2013. Cinque giorni, di cui uno in pellegrinaggio a Gerusalemme. Un'esperienza indimenticabile.

Come hanno agito le Dio-incidenze in quel contesto?

Appena arrivati, l'impatto con la Terra Santa è particolare. Cogli subito che la situazione politica e sociale non è facile. Chi ti aiuta è la gente perché appena cominci a conoscere qualcuno, immediatamente senti un legame unico e particolare e capisci che le persone sono veramente belle! Arrivato a Betlemme, mi ha fatto quasi piangere il muro di separazione che… non ci deve essere. E il vedere come l'accettano gli abitanti di Betlemme è stato commovente. Poi ti rendi contro che c'è qualcosa di più in quel luogo e ti rendi conto che è casa tua, perché lo spirito di Cristo parla.

Ho potuto partecipare alla processione quotidiana alla Grotta, che è stata oltretutto anche ripresa dalla Decca. Abbiamo ottenuto il permesso da parte dei greci di poter registrare nella Grotta il video di *Tu scendi dalle stelle*. Ho fatto la scelta di tenere tra le braccia la statua di Gesù Bambino, l'ho chiesto io perché mi sembrava una cosa molto tenera.

A quando il prossimo viaggio in Terra Santa?

Non so. Ma è uno di quei luoghi per i quali se mi dicessero: «Partiamo tra 5 minuti, vieni?», risponderei subito di sì. Quella è casa nostra, senza ombra di dubbio.

Michael Perry

Fra Michael Perry è nato a Indianapolis, Indiana (Usa) nel 1954. Ha emesso i voti solenni tra i Frati minori il 10 ottobre 1981 ed è stato ordinato sacerdote il 2 giugno 1984.

Dopo una lunga parentesi missionaria, nel 2008 è stato eletto Ministro provinciale della Provincia del Sacro Cuore di Gesù. Nel 2009 è stato chiamato a Roma come vicario generale di fra José Rodriguez Carballo. Ha lavorato per *Catholic Relief Services* e presso la Conferenza episcopale degli Usa. Oltre agli studi teologici, si è laureato in antropologia religiosa, storia e filosofia. È divenuto Ministro generale dell'Ordine, il 22 maggio 2013. Nell'omelia della sua prima messa come nuovo Ministro fra Perry ha indicato lo stile a cui sono chiamati i Frati minori: «Vivere la condivisione e la fraternità come testimonianza della misericordia di Dio». A Santa Maria degli Angeli (Assisi), nel Capitolo generale del maggio 2015, è stato riconfermato alla guida dell'Ordine per il sessennio 2015/2021.

L'intervista è stata pubblicata nel marzo-aprile 2015

La missione dell'ascolto

Intervista di Giuseppe Caffulli

«Credo che sia scritto nel nostro Dna: non possiamo mai rimanere dove siamo. Siamo pellegrini, siamo in ricerca, siamo in viaggio verso un amore che ci attira e che dà senso alla nostra vita». Fuori il cielo di Roma, sopra il cupolone di San Pietro che si intravvede dalla finestra, è quanto mai corrucciato. Fra Michael Perry, il Ministro generale, attraversa gli spazi austeri della Curia generalizia dei Frati minori con il passo svelto di chi, nella sua vita, di strada ne ha percorsa tanta, dalle periferie d'Indianapolis, Usa, alle piste dell'Africa nera; dalle periferie esistenziali (come direbbe Papa Francesco) popolate di poveri e di carcerati alle frontiere del dolore in Darfur. E sente, avendo visto la morte in faccia, l'urgenza di testimoniare la gioia del Vangelo.

«Sono nato in una famiglia cattolica, terzo di 5 figli, a Indianapolis, in una realtà molto dinamica, formata da famiglie di origini irlandesi. La mia famiglia e la mia parrocchia sono state fondamentali. Da ragazzo ero però molto irrequieto, sempre alla ricerca di una mia strada».

Cosa accadde?

All'università studiavo legge, ma allo stesso tempo lavoravo come impiegato in un'impresa edile. Mi sentivo perso, non frequentavo molto la Chiesa, ero preso da altre cose... Un giorno una suora, una ex insegnante, mi chiede, visto che suonavo la chitarra, di animare una celebrazione ecumenica promossa dai francescani con i fratelli metodisti. Rimasi molto colpito da quella esperienza di collaborazione e di condivisione, che si concretizzava anche nell'impegno comune in Appalachia, una delle zone più povere degli Stati Uniti. L'estate seguente ho fatto una esperienza di volontariato proprio in quella regione. Ci sono stato due mesi. Laggiù, per la prima volta, ho incontrato veramente i poveri. Ho capito che c'entrava con lo stile francescano: la capacità di superare le barriere per andare incontro agli altri.

Insomma, catturato dal carisma di san Francesco...

In realtà di Francesco e del francescanesimo non sapevo nulla. Solo durante quel periodo ho iniziato a cercare qualche notizia sul Santo d'Assisi. Dopo quella esperienza di volontariato, però, sono tornato a casa trasformato. Sentivo una costante attrazione verso uno stile di vita diverso da quello che avevo condotto fino a quel momento, ma allo stesso tempo ero molto indeciso... Durante la mia esperienza in Appalachia avevo conosciuto una coppia di sposi. Proprio loro, vedendo la mia insoddisfazione e la mia irrequietezza, mi hanno spinto a prendere contatto con i francescani. Ho chiesto la possibilità di fare una prova, ma non volevo ancora impegnarmi. Sono uscito tre volte dal postulandato. Una prima volta per verificare la relazione con una ragazza, con la quale avevo coltivato un'amicizia. Cercavo di allontanarmi, ma c'era qualcosa che non mi lasciava... E alla fine ho chiesto di essere accolto in noviziato.

Cosa ricorda di quel periodo?

È stata un'esperienza molto interessante, perché abbiamo svolto il nostro cammino formativo insieme alle suore francescane. Per me è molto sano avere relazioni con il mondo femminile durante la formazione e il discernimento vocazionale. Durante il noviziato ho potuto conoscere la dimensione missionaria del francescanesimo attraverso la figura del nostro maestro, che da sempre desiderava andare *ad gentes*. Così ha contagiato molti di noi all'ideale missionario. Quando poi i francescani belgi ci hanno chiesto di proseguire la loro presenza missionaria in Congo, io mi sono reso disponibile.

La partenza per le missioni non è stata però immediata...

Dovevo completare la formazione, studiare la teologia. A Chicago, dove mi trovavo, oltre allo studio ci si calava in una realtà pastorale, in modo da accompagnare la crescita intellettuale con quella umana e spirituale. Io ero stato destinato ad una comunità afro-americana. Per me è stata un'esperienza fondamentale. Avevo sempre visto l'impegno dei frati all'interno delle comunità cattoliche di origine irlandese o comunque europee. Lavorare tra gli afro significa toccare con mano una realtà profondamente diversa e le ferite di un popolo che ha molto sofferto nella storia del nostro Paese. Per non parlare del razzismo che ancora oggi continua. Ho dovuto anch'io purificare il mio cuore e i miei pensieri verso questi fratelli. E imparare a non guardare a un Cristo bianco, ma a un Cristo che prende il volto degli uomini di tutte le culture.

Una sorta di preparazione all'impegno ad gentes...

L'esperienza tra gli afro-americani mi ha ancor più motivato a rendermi disponibile per la missione. Così, insieme a un altro confratello, ho chiesto la possibilità di partire per il Congo. Dopo un anno appena, ho avuto un terribile incidente in motocicletta, mentre stavamo visitando alcuni villaggi della savana, il 25 dicembre, giorno di Natale. Ero molto grave, direi in fin di vita. Solo dopo due settimane la missione è stata raggiunta da un piccolo aereo dei missionari protestanti, e ho potuto essere trasportato negli Stati Uniti per le cure. A poco a poco mi sono ripreso. Ho finito gli studi teologici, sono stato ordinato sacerdote, sono ritornato per un breve periodo a lavorare nelle comunità afro-americane. E alla fine ho chiesto di ritornare in Africa...

Per quale ragione si è interrotta la parentesi missionaria?

I superiori mi hanno richiamato negli Usa per diventare rettore del seminario e maestro del post-noviziato. Anni molto interessanti, nei quali ho insegnato missiologia, antropologia e islamologia. Poi ho fatto il cappellano nelle prigioni. E mi sono impegnato per cercare di liberare dal carcere persone accusate ingiustamente, senza i mezzi per difendersi. Ho scoperto in quel periodo il legame tra giustizia e carità. L'una non può essere disgiunta dall'altra. Ho ricominciato a leggere in quest'ottica i testi francescani e ho scoperto che l'esperienza di Francesco a San Damiano non ha senso senza l'esperienza con il lebbroso. Le due esperienze sono collegate. Un insegnamento che noi frati minori dobbiamo tenere presente, una delle radici della nostra spiritualità.

Nasce da qui l'attenzione alla sfera sociale?

Direi di sì. Stavo completando il dottorato in antropologia in Inghilterra quando sono stato chiamato dalla Conferenza episcopale degli Usa proprio per lavorare nell'Ufficio Giustizia, pace e affari internazionali. Ero specialista per l'Africa e sui temi della giustizia. Diverse volte all'anno visitavo l'Africa, accompagnando i vescovi americani: Darfur, Sud Sudan, Sierra Leone, Liberia, Congo... Ovunque fosse necessario dare una testimonianza di solidarietà. A volte siamo stati alla Casa Bianca, al Congresso americano, per portare informazioni e per chiedere un cambiamento della politica americana in quei Paesi.

Da Ministro generale, ha avuto il privilegio di accompagnare papa Francesco in Terra Santa, nel maggio 2014.

Era la seconda volta che incontravo il Papa. Quando si è recato ad Assisi, ho scoperto un uomo capace di manifestare con la sua umanità il profondo rispetto per l'esperienza degli altri, il desiderio di promuovere dialogo e condivisione. Ho avvertito in lui una grande libertà. Francesco non si cura di essere Papa, di rivestire un ruolo. Si preoccupa della sua personale relazione con Gesù e con l'umanità che gli è stata affidata. In questa chiave leggo la sua vicinanza a noi frati minori: essere fratelli, aiutare tutti a incontrare Cristo. Un'attenzione e una stima che ha espresso anche visitando la sede della Custodia di Terra Santa a Gerusalemme e pranzando informalmente con noi frati.

Come vive il rapporto con la Terra Santa, la «perla delle missioni» francescane?

Devo fare una confessione. Avevo tanti pregiudizi circa la presenza francescana in Terra Santa. Soprattutto per ignoranza. Prima del mio incarico presso la Curia generalizia non avevo avuto modo di conoscere e di visitare la Terra Santa. Conoscevo qualcosa della politica d'Israele e Palestina, ma del resto quasi nulla. Poi avevo una seconda perplessità: leggendo la storia della presenza dei francescani in Terra Santa per curare i Luoghi Santi e i pellegrini, non capivo quale fosse il senso della nostra vita in quelle terre.
Ho dovuto aspettare di visitare la Terra Santa con il definitorio generale. Ho scoperto per la prima volta la qualità delle relazioni, specie con gli arabi ma anche con gli

ebrei. Ho visto esperienze di dialogo, di ascolto; il nostro vivere la minorità in ogni contesto, l'importanza di custodire la memoria cristiana e i santuari della fede. Ho dovuto ripensare e smontare i miei pregiudizi. Posso parlare di una vera conversione. Ora mi rendo conto che all'interno dell'Ordine, oggi, non è ancora ben compreso il valore della presenza francescana in Terra Santa.

Qual è ancora oggi l'attualità di Francesco?

Francesco ci insegna ad essere presenti, con semplicità e umanità, nei vari contesti. È quello stile di «Chiesa in uscita» che piace tanto a papa Francesco. Religiosi e sacerdoti, ma questo vale per gli educatori in genere, ci riteniamo specialisti delle problematiche dei giovani, dei poveri, degli anziani, quasi sempre però senza prestare loro ascolto. Noi frati siamo chiamati prima di tutto a stare tra le persone per vivere e condividere. Dobbiamo riguadagnare uno spazio ricco di umanità e di relazioni. Il mondo oggi è troppo spesso dominato dai monologhi. Dobbiamo essere sempre più uomini di dialogo, superando la tentazione di sapere sempre cosa dire e cosa fare... Dobbiamo prima di tutto ascoltare. Se ripartiremo dall'«alfabeto del dialogo» che Francesco ci ha insegnato con la sua vita povera e itinerante, riusciremo a comunicare agli uomini la speranza. E a testimoniare la possibilità di una umanità capace di pace e di giustizia.

Ernesto Olivero

Nella sua biografia, c'è una cosa che **Ernesto Olivero** indica come irrinunciabile. Il fatto che da subito, si sia lasciato prendere da Cristo. Questo atteggiamento ha segnato tutta la sua esistenza. Ernesto nasce in una famiglia numerosa (ultimo di nove figli) vicino a Salerno, nel 1940, per poi spostarsi a Torino, sua città d'adozione. Nel '64, con la moglie e alcuni amici fonda Servizio missionario giovani (Sermig). È il tempo della contestazione giovanile e il suo impegno si indirizza contro corrente, scegliendo non l'ideologia e la politica ma l'aiuto alla Chiesa e alla missione. Alcuni incontri lo segnano profondamente: come quello con Madre Teresa di Calcutta, con i vescovi brasiliani Helder Camara e Luciano Mendes de Almeida, personalità della Chiesa che gli indicano, una volta di più, l'attenzione ai poveri e ai più giovani. Nel 1983 Olivero riceve dal Comune di Torino in gestione l'ex Arsenale della città che diventa un luogo simbolo di aiuto ai poveri e speranza per gli esclusi. Re Hussein di Giordania, come il figlio Abdallah, stimano il suo lavoro e accolgono nel loro Paese l'iniziativa del Semig, l'Arsenale dell'incontro di Madaba, a favore dei bambini disabili. Nel 2002, grazie al contributo per la risoluzione pacifica dell'assedio della basilica di Betlemme, Ernesto viene insignito del titolo Uomo di pace di Betlemme e Gerusalemme

L'intervista è stata pubblicata nel maggio-giugno 2015

Il sogno di Ernesto

Intervista di Carlo Giorgi

«Qual è la nostra speranza? Che, magari fra cento anni, tutti i pregiudizi tra le religioni possano cadere. E questo succederà quando un musulmano resterà incantato davanti a un cristiano che lavora con i bambini disabili; e viceversa. In Medio Oriente ci sono state, è vero, molte ingiustizie. Ma se ci fermiamo lì, non andiamo da nessuna parte...».

Parla in modo pacato e deciso, Ernesto Olivero, fondatore del Servizio missionario giovani di Torino (Sermig). Questo organismo nasce nel 1964 quando Ernesto, poco più che ventenne, con alcuni amici decide di impegnarsi per aiutare i missionari e «sconfiggere la fame nel mondo». Da quel momento il Sermig si diffonde in molti Paesi, affascinando con il suo sogno migliaia di persone. Sogno che oggi si realizza anche in Giordania, nella città di Madaba, dove il Sermig ha aperto una casa per disabili, l'Arsenale del dialogo, in cui lavorano insieme giovani cristiani e giovani musulmani.

«A Madaba ci ha chiamato il patriarcato latino di Gerusalemme – racconta Ernesto – ma in Medio Oriente siamo conosciuti da molto tempo: in Libano abbiamo fatto le prime missioni di pace già nell'88, durante la guerra civile; abbiamo portato aiuti in Iraq… Siamo stati presenti in Palestina: il 20 aprile del 2002, alle sei del mattino, ricevo una telefonata da parte del patriarca latino, Michael Sabbah, di cui riconosco subito la voce». Sono i giorni dell'assedio israeliano alla basilica della Natività di Betlemme, quando decine di palestinesi armati si barricano nella basilica. Si teme che un assalto da parte di Israele abbia conseguenze sanguinose, anche per la vita dei religiosi che lì vivono. «Il patriarca mi dice – continua Ernesto –: sono qui in una riunione con servizi segreti americani, ebrei, palestinesi, responsabili religiosi, e stiamo cercando una via d'uscita. Israele dice che non interverrà militarmente se la mediazione viene affidata a una persona non coinvolta nel conflitto; e se le persone che Israele reputa terroristi verranno portate all'estero. E poi mi chiede se voglio occuparmi della mediazione. Dico di sì. Così nel silenzio, dietro le quinte, abbiamo risolto il problema».

«A Madaba ci hanno chiamati – continua Ernesto – e abbiamo accettato di andare, ma solo a condizione di chiamare il nostro istituto "Arsenale dell'incontro". Perché oggi in Medio Oriente non c'è dialogo; il dialogo vero è quando io mi siedo intorno ad un tavolo pronto a cambiare qualche idea, altrimenti che dialogo è? Se vado a portare solo le mie posizioni, allora tanto vale… così ho chiesto che la nostra casa venisse chiamata "Arsenale dell'incontro"».

Quando è stato per la prima volta in Terra Santa?

Non lo ricordo. Forse perché un viaggio in Terra Santa è una di quelle cose che quando avvengono, è come se fosse già avvenuta. Ci sono stato decine di volte e mi ha dato da subito una tristezza, perché in quella Terra è morto Gesù e sembra paradossale che Dio, proprio in quel luogo, non sia ascoltato. Ci sono tali odi... È la terra forse più insanguinata. Questo per me è un dolore e un mistero. Io credo che quando tutte le persone che parlano, faranno in modo che veramente Dio abiti in loro, si troveranno non più come concorrenti o come nemici. Veramente bisognerebbe avere il desiderio di rinascere tutti, affinché l'odio che ha percorso la terra sia un vecchio ricordo, io ho questa speranza.

C'è un luogo in Terra Santa che le comunica più di altri la presenza del Signore?

Ogni luogo, perché lì ha camminato Gesù. Ogni volta che ci vado penso: chissà se Gesù è passato da questo luogo che sto calpestando, dove sto pregando... certamente però il luogo della crocifissione è particolarmente vivo per me. In Terra Santa Gesù è stato visto per un tempo, fisicamente. Migliaia e migliaia di persone hanno visto il volto di Gesù, l'hanno sentito parlare e molti l'hanno visto morire. Gesù è il volto di Dio che conosciamo. Questo volto, se uno si è lasciato prendere, come me, fin da piccolo – per cui Gesù nella mia famiglia era un uomo di casa, la Madonna era di casa, quindi Dio e lo Spirito Santo erano di casa – lo conosce già. La Terra Santa per un cristiano dovrebbe essere nel suo cuore, nella sua mente in un modo naturale, cioè vederla o non vederla dovrebbe essere la stessa cosa, nel senso che pensando a Gesù, uno pensa già alla Terra Santa.

Il Sermig si dedica in modo particolare ai giovani. Le Primavere arabe sono state provocate dai giovani ma poi, quasi sempre, sono fallite. Che speranza si può dare loro oggi?

Perché la primavera araba è fallita? Perché molti degli adulti hanno tradito i giovani. I giovani hanno fatto tutto lo sforzo della novità, poi però non erano organizzati, e il mondo degli adulti li ha imbrogliati. Invece i giovani bisogna amarli. Il profeta Malachia ci ricorda che se i padri non si riconciliano con i figli, ci sarà sventura per tutti. E poi anche i giovani devono riconciliarsi con i padri... noi stiamo tentando di fare questo, con i nostri incontri stiamo cercando di favorire la riconciliazione tra il mondo dei giovani e quello degli adulti. Allora un mondo nuovo ci sarà. E il Medio Oriente ha bisogno di un nuovo mondo. Altrimenti questi giovani dove vanno? Ho frequentato molto l'Iraq, la Giordania, il Libano, Israele... moltissimi giovani vogliono venire in Europa ma l'Europa non potrà dare tutte le risposte che si aspettano.

I cristiani in Medio Oriente, che spesso vivono situazioni di emarginazione o di persecuzione, come possono costruire la pace?

La pace avverrà solo se chi parla di pace è pacificato dentro. E chi è pacificato dentro vorrebbe che tutti fossero pacificati. Chi è pacificato dentro vorrebbe che tutti incontrassero Dio. Ma non il «mio Dio»: Dio e basta. I cristiani devono sentirsi uomini che hanno superato l'odio. Lo dico in una battuta: chi è senza peccato scagli la prima pietra; e credo che se fosse così, la prima pietra non la scaglierebbe nessuno. Io mi sento figlio di Dio, dicendo «Padre Nostro», altrimenti non lo reciterei più... Che senso ha dire: «Padre Nostro ma...», «Padre Nostro se...», «Padre Nostro però...». No. «Padre Nostro», punto. Nella regola del Sermig, dico che i buoni musulmani, i buoni cristiani, i buoni ebrei, perfino i buoni non credenti devono fare in modo di trovare confini buoni, giustizia buona, perché altrimenti non se ne esce... C'è un passo di *Isaia* che mi dà tanta speranza: «In quel giorno ci sarà una strada...». Se vai in Egitto, sul tuo passaporto c'è il visto dell'Egitto e con quel visto magari non puoi entrare in altri Paesi... Bene, Isaia dice: «In quel giorno ci sarà una strada, dall'Egitto verso la Siria, il siriano andrà in Egitto e l'egiziano in Siria; gli egiziani renderanno culto con gli assiri. In quel giorno Israele sarà accanto all'Egitto e alla Siria e sarà una benedizione in mezzo alla terra. Benedetto sia l'egiziano, il mio popolo; l'assiro, opera delle mie mani; e Israele, mia eredità». Oh, è scritto!

Domenico Quirico

Domenico Quirico, classe 1951, astigiano, sposato, due figlie, è stato responsabile esteri al quotidiano *La Stampa*, poi corrispondente da Parigi per diventare infine inviato di guerra. Negli ultimi anni ha seguito i principali avvenimenti della «Primavera araba» rischiando più volte di persona. È stato sequestrato, infatti, una prima volta per due giorni nell'agosto del 2011 a Tripoli, in Libia, da miliziani vicini al *rais* Muammar Gheddafi, assieme ad alcuni colleghi italiani. Due anni dopo, nel 2013, è stato rapito da ribelli siriani e tenuto in ostaggio per cinque lunghi mesi. Quirico racconta questa esperienza durissima nel libro *Il paese del male* (Neri Pozza, 2013), *instant book* uscito dopo il suo ritorno a casa e scritto a quattro mani con Pierre Piccinin Da Prata, giornalista e scrittore francese che ha condiviso con Domenico la prigionia. Quirico ha recentemente pubblicato *Il grande califfato* (Neri Pozza, 2015), volume in cui racconta cosa sia lo Stato islamico, a partire dai luoghi in cui miliziani e guerriglieri fanatici stanno cercando di costituirlo: dalla Siria all'Iraq, dalla Tunisia alla Somalia. Ma anche chi siano i giovani europei che vanno a combattere nelle sue fila: «Hanno vissuto tra noi per anni. Dovrebbero aver assorbito tutte le idee straordinarie della società occidentale – spiega Quirico –. Invece hanno solo constatato intorno a loro un vuoto immenso. E hanno scelto di cambiare vita».

L'intervista è stata pubblicata nel luglio-agosto 2015

Io, cronista sul fronte dell'odio

Intervista di Carlo Giorgi

«Ho capito che la rivoluzione era fallita parlando proprio con un sacerdote greco cattolico, nell'antica cattedrale di Yabroud in Siria…». Domenico Quirico, inviato speciale del quotidiano torinese *La Stampa*, si occupa da anni delle primavere arabe. È il giornalista italiano che forse più di ogni altro conosce i fondamentalisti islamici e sa di che cosa siano capaci. La sua non è una competenza teorica, da studioso; è invece una conoscenza diretta, impressa dolorosamente nella carne. Solo un paio di mesi dopo quell'incontro con il sacerdote di Yabroud, il 9 aprile del 2013, Quirico viene rapito mentre sta svolgendo il suo lavoro da inviato ad Al Qusayr, a pochi chilometri da Homs. Sono gli stessi ribelli a cui si affida per entrare in Siria che lo tradiscono vendendolo ad altri insorti. Da quel momento passa di mano, di banda in banda, venduto a carcerieri che lo tengono in vita solo nella speranza di ottenere un riscatto. Guerriglieri per cui la rivoluzione è solo un pretesto per fare soldi. Fanatici che si appellano all'Islam per giustificare qualsiasi sopraffazione. Dopo cinque interminabili mesi di prigionia, nei quali tenta più volte di fuggire e viene sottoposto a spietate false esecuzioni, è finalmente rilasciato e può tornare a casa. Ma del Medio Oriente non smette di occuparsi pubblicando libri, partecipando a incontri pubblici; e anche tornando spesso in zone di guerra.

Qual è il suo rapporto con la Terra Santa?

Sono stato in Israele e Palestina dove ho fatto un lungo viaggio privato, non come giornalista, visitando i luoghi santi a Gerusalemme e Betlemme. Come giornalista, invece, Siria, Iraq e Libano dal 2011 sono diventati luoghi in cui io sono andato spesso e dove mi sono fermato, anche non volontariamente... Del Medio Oriente ricordo alcuni luoghi cristiani come la bellissima chiesa di Al Qusayr, la città dove sono stato rapito; o il monastero di Al Qosh, la terra dei cristiani caldei in Iraq, dove sono stato di recente. Il grande monastero sulla montagna, ad Al Qosh, è il loro «Vaticano», costruito nel IX secolo; vi si rifugiavano durante le invasioni.

Quando ci sono andato, l'anno scorso, era terra di nessuno, perché la frontiera del califfato era a un chilometro e tutte le città e le chiese erano state abbandonate, non c'era più nessuno, neanche i cani; nella chiesa c'è il grande affresco della Madonna delle messi: artisticamente irrilevante ma di un'intensità, di un'ingenuità, di una forza di fede impressionante... È la Madonna patrona dei cristiani dell'Iraq, perché i cristiani dell'Iraq sono contadini, anzi erano contadini, ahimé, perché non ci sono più.

Qual è il luogo cristiano che le è rimasto di più nel cuore?

La cattedrale di Yabroud, quella del sacerdote greco ortodosso di cui parlavo. È un ex tempio romano costruito durante l'impero di Caligola e trasformato in chiesa sotto Costantino. È lì che, lontani dalle orecchie di coloro che ci accompagnavano – ribelli di formazioni più o meno islamiste – il prete mi aveva messo in guardia spiegandomi che quella era una zona pericolosa, che la rivoluzione siriana oramai era un pallido ricordo, e che i ribelli erano in realtà banditi che praticavano l'estorsione, taglieggiavano i cristiani, li costringevano a pagare per non essere sequestrati o malmenati o uccisi. Era stato il primo campanello d'allarme. Lì ho capito che nei pochi mesi che mi separavano dal viaggio precedente, tutto si era modificato, e la realtà era assai più complessa di quella che avevo conosciuto prima.

Nel corso dei mesi di prigionia ha avuto modo di riavvicinarsi alla fede?

Perché riavvicinarmi? Ho sempre detto che la presenza di Dio è stata una delle ragioni per cui sono riuscito ad attraversare questa esperienza in un certo modo, sennò avrei perso i lumi, sarebbe giunta la disperazione...

Lei sostiene che, come giornalista, ciò che vale la pena raccontare è la sofferenza umana, «un grande tesoro».

Penso che la sofferenza umana sia stata inventata da Dio. Senza la sofferenza chi si occuperebbe di Dio? Chi lo pensa, chi lo ricorda? È un accorgimento con cui Dio

cerca di restare unito a coloro che ha creato, una disperata richiesta di non lasciarlo solo. Perché ha capito che noi
purtroppo abbiamo bisogno proprio di questo; dobbiamo chiedergli qualcosa per rimanere con lui.

*Scrivendo dei profughi cristiani in fuga dall'Iraq o dalla
Siria, li ha definiti i nuovi martiri...*

Il martirio è testimonianza e si può essere martiri anche
senza venire uccisi. Forse è più complesso essere martiri
senza morire, senza arrivare al capitolo finale della corda.
Abbiamo in mente rappresentazioni tradizionali del martirio, come quella biblica del profeta Daniele che entra
nella fossa dei leoni; o quelli che salgono alla loro croce,
su cui saranno appiccicati dai loro carnefici, ridenti e felici perché sentono la vicinanza di Dio. Ho l'impressione
che sia proprio il contrario: il martirio è un'enorme solitudine. Penso che un martire si possa sentire in quel momento abbandonato da Dio, più che sentirlo vicino.

Che futuro vede per il Medio Oriente?

Lo scenario migliore che potremmo augurarci è quella di
una «somalizzazione»: gli alawiti avranno le loro montagne, i sunniti il loro califfato, i curdi le montagne a Nord,
gli sciiti protetti dall'Iran la parte meridionale dell'Iraq...
però temo che avrà la meglio la preponderante forza del
califfato, che diventerà più grande di quello che c'è oggi.
Forse si salveranno solo i curdi sulle montagne. O forse
l'ipotesi più probabile è quella di una guerra continua che

andrà avanti per decine di anni in cui ci saranno continue avanzate e ritirate. Questa parte del mondo rimarrà in ebollizione fino all'avvento di un nuovo ordine unificatore, che credo sia quello dell'Islam sunnita.

Ha incontrato, nei suoi viaggi oltre ai semplici cristiani, i loro pastori?

Sì, ne ho conosciuti, ad Erbil e intorno ad altri luoghi che costituivano l'Iraq cristiano. C'era molta amarezza da parte dei fedeli nei confronti delle gerarchie, perché le gerarchie in questi anni hanno forse sancito la decisione di molti cristiani di partire, dando una sorta di *imprimatur* alla fine della storia dei cristiani. Molti li rimproveravano di non aver detto il contrario. Invece di dire: partite, scappate... avrebbero sempre dovuto dire: restate. Adesso lo dicono ma oramai non c'è più nessuno. Restare dove, adesso? Tanto vale saltare il fosso e andare mille miglia lontano. Tra i cristiani si è consolidata l'impressione che con gli altri che vivono lì non sia possibile più alcuna forma di comunicazione se non quella della violenza, della sopraffazione, dell'invidia... Un'esperienza tragica.

Qual è il futuro dei cristiani in Medio Oriente?

Ho l'impressione che si sia spezzato il loro rapporto intimo, antropologico con quel luogo del mondo. Ormai il Medio Oriente è un posto a loro completamente estraneo. Hanno resistito per molti secoli in quelle terre, ma temo che questa volta possa essere veramente l'ultima.

Angelo Bagnasco

Nato a Pontevico (Brescia) il 14 gennaio 1943, da genitori sfollati per la guerra, **Angelo Bagnasco** – una volta rientrato con la famiglia a Genova – ha frequentato il ginnasio e il liceo classico presso il seminario arcivescovile di Genova. Il 29 giugno 1966 è stato ordinato sacerdote. Si laurea in filosofia presso l'Università Statale di Genova nel 1979 e tra il 1966 al 1985 svolge il suo ministero come vicario parrocchiale. In questo periodo ottiene diversi incarichi nell'ambito dell'insegnamento sia presso il seminario diocesano che presso la Facoltà teologica dell'Italia Settentrionale, sezione parallela di Genova. Dal 1980 al 1995 è assistente diocesano della Federazione universitari cattolici italiani (Fuci). Dopo aver ricoperto l'incarico di direttore dell'Ufficio catechistico della diocesi e della Liguria e delegato regionale per la Pastorale della scuola, dal 1995 al 1997 è vicario episcopale e direttore spirituale del seminario arcivescovile di Genova. Il 7 febbraio 1998 è nominato vescovo di Pesaro e nel 2003 ordinario militare per l'Italia. Il 29 agosto 2006 è inviato come arcivescovo metropolita a Genova. Nominato presidente della Conferenza episcopale italiana il 7 marzo 2007 (riconfermato il 7 marzo 2012), è creato cardinale nel Concistoro del 24 novembre 2007. Dal 30 settembre 2011 è anche vicepresidente del Consiglio delle conferenze episcopali europee.

L'intervista è stata pubblicata nel novembre-dicembre 2015

La fede contro la paura

Intervista di Giuseppe Caffulli

L'assemblea plenaria del Consiglio delle conferenze episcopali d'Europa s'è riunita per la prima volta fuori dai confini continentali dall'11 al 16 settembre 2015, accettando l'invito del patriarca latino di Gerusalemme a riunirsi in Terra Santa anche per «incoraggiare i pellegrinaggi nella terra di Gesù per rinnovare la fede e sostenere i cristiani di questi luoghi». I lavori si sono aperti a Corazin, nella *Domus Galilaeae*, il centro di formazione dei neocatecumenali, nei pressi del lago di Tiberiade. Per oltre due giorni, i presidenti degli episcopati nazionali europei – 45 i Paesi rappresentati – hanno discusso e pregato (visitando Nazaret, Cafarnao, Magdala e poi Gerusalemme e Betlemme) sulle nuove sfide che le Chiese del vecchio continente hanno di fronte. Ma, come hanno spiegato gli stessi protagonisti, si è trattato anche di un pellegrinaggio alle sorgenti della fede e di un viaggio per testimoniare «vicinanza» alle comunità cristiane del martoriato Medio Oriente.

All'assemblea plenaria ha partecipato anche il cardinale Angelo Bagnasco, arcivescovo di Genova e presidente della Conferenza episcopale italiana. Gli abbiamo chiesto di aiutarci a comprendere l'importanza di questa visita nel contesto attuale della Terra Santa.

Eminenza, con quali sentimenti ha vissuto questo viaggio?

Ho partecipato all'Assemblea con sentimenti di trepidazione e di speranza. E lo dico senza retorica, essendo quotidianamente partecipe delle delicate vicende che accompagnano la vita di molti Paesi del Medio Oriente. Del resto, l'atteggiamento con cui i vescovi si sono dati appuntamento nella Terra di Gesù dovrebbe essere chiaro sin dal messaggio che è stato promulgato all'indomani dell'Assemblea: siamo convenuti lì «per imparare, per incontrare la fede dei fratelli e per rinforzare i legami della comunione tra di noi». Nella cornice del prossimo Giubileo (l'intervista viene pubblicata nel novembre 2015. Il giubileo della Misericordia inizia l'8 dicembre dello stesso anno, poche settimane dopo – ndr), tempo di conversione spirituale e di nuovo slancio missionario, abbiamo voluto metterci alla scuola della misericordia, per farcene testimoni insieme alle comunità che abitano quella terra benedetta da Dio.

Scegliendo la Terra Santa, i presidenti delle conferenze episcopali d'Europa hanno voluto compiere un pellegrinaggio alle radici dell'Europa. Crede che l'Assemblea possa essere l'occasione per rilanciare a livello di Chiese d'Europa l'impegno a sostenere i cristiani di Terra Santa?

Penso di sì. E stata l'occasione per ricordarci del dovere di non abbandonare la terra di Cristo. L'Assemblea plenaria ha voluto esprimere la propria vicinanza alle comunità della Terra Santa, ribadendo come esse contribuiscano in modo del tutto speciale alla costruzione della pace, all'intesa e allo sviluppo della cultura del perdono, senza la quale ogni progetto di coesione sociale è mera utopia. Nel crogiolo di identità che le caratterizzano, le comunità cristiane mediorientali rappresentano l'icona di un'urgenza attualissima: quella di accogliere una diversità riconciliata e di custodire quel rispetto – sempre reciproco – che è fondamento senza il quale ogni altro diritto diviene fragile e contestabile.

Possiamo dunque imparare da questi fratelli, ma essi – non dimentichiamolo – hanno anche bisogno di noi. Non deve passare inosservato lo stato di prostrazione in cui a volte versano: la loro fede, duramente provata dalla mancanza di stabilità e di sicurezza, deve trovare concreto sostegno non solo nella nostra preghiera e nel nostro affettuoso ricordo, ma anche nell'aiuto materiale che la generosità e la disponibilità di ciascuno potrà e vorrà partecipare.

Lei ha ricordato come in Israele e in Palestina siano molteplici le prove che i fedeli locali devono affrontare, non ultima la serie di attentati contro chiese e istituzioni generata da un crescente odio anti-cristiano...

Ai nostri fratelli in Cristo va senz'altro la nostra preghiera, la nostra fraterna vicinanza e anche la nostra ammirazione per l'eroica testimonianza che danno della loro fede, anche a costo della vita. Il sangue dei martiri – scriveva Tertulliano – è seme di nuovi cristiani. Ma c'è senz'altro una tentazione a cui non dobbiamo soccombere: quella di coltivare nel cuore il rancore, o quantomeno la diffidenza, verso i nostri stessi persecutori. Per spezzare la spirale della violenza, alimentata dall'odio e dalle ritorsioni che esso induce, occorre sguainare l'unica arma che la nostra fede raccomanda: quella della mitezza, espressione del perdono che salva.

> *Il pensiero va dunque anche ai cristiani che patiscono persecuzioni e martirio a causa della fede, in Siria, Iraq e in vari Paesi del bacino mediorientale. Cosa si sente di dire a questi fratelli provati?*

Che non sono soli. È viva convinzione dei vescovi che se c'è un'urgenza imprescindibile è proprio quella di ridestare la consapevolezza delle Chiese d'Europa per la difficile situazione vissuta da questi fratelli. È possibile e giusto alleviare le loro sofferenze, ma ciò sarà attuabile nella misura in cui il loro problema non sarà relegato entro i confini delle terre da loro abitate. Gli scenari geopolitici odierni ci mostrano infatti quanto siano interdipendenti su scala planetaria i fenomeni sociali di cui siamo quotidianamente informati dai notiziari.

A questa considerazione di ordine sociologico dobbiamo aggiungerne un'altra più strettamente spirituale: per la comunione universale di tutti i membri della Chiesa, non vi è una sola comunità – neanche la più remota sulla faccia della Terra – che non sia raggiunta dallo sguardo misericordioso del Padre. Questo rende il dovere della solidarietà qualcosa di più di un obbligo formale: è un onere di consanguineità, un vincolo sacro e inviolabile di ciascun membro verso gli altri e di tutti verso l'unico corpo.

> *E questo introduce un tema affine. L'Assemblea dei presidenti delle conferenze episcopali europee si è ritrovata in Terra Santa alla vigilia del Sinodo sulla famiglia (che si è svolto dal 4 al 25 ottobre 2015 – ndr). Quale insegnamento deve venire alle nostre famiglie dalla testimonianza dei cristiani di Terra Santa e dall'esempio della Famiglia di Nazaret?*

Alla famiglia l'Assemblea plenaria ha dedicato particolare attenzione. Sono stati tenuti incontri con le famiglie locali e io stesso ho presieduto in tal senso una veglia di preghiera a Nazaret, presso la basilica dell'Annunciazione. In generale, l'Assemblea si è trovata concorde nel ribadire la bellezza umana e cristiana della famiglia, nonché la sua universale realtà, espressa nell'unione di un uomo e una donna, aperti alla vita.

Se da un lato molta preoccupazione desta l'ideologia del «pensiero unico», che minaccia l'autonomia genitoriale nell'educazione dei figli e inculca con molti mezzi antropologie contrarie a un'autentica valorizzazione della persona umana, dall'altro il segno luminoso della Famiglia di Nazaret non smette di essere un riferimento costante per la Chiesa intera: in essa è sorto il sole che illumina ogni uomo, Cristo Signore, che proprio a Nazaret visse i suoi primi anni tra noi.

*Da quella sponda del Mediterraneo è impossibile non
gettare uno sguardo alla tragedia dell'immigrazione, fenomeno da cui neppure Paesi come Israele, il Libano e
la Giordania sono immuni. Quale il ruolo e quali le
responsabilità che dovrebbero vedere in prima linea
l'Europa cristiana?*

Il primo spettro da bandire è senza dubbio quello dell'indifferenza. I vescovi europei hanno espresso con chiarez-
za la loro perfetta comunione con il Papa sul tema: l'accoglienza è una necessità inderogabile, ed essa interpella
tutti, a tutti i livelli: dalle istituzioni ai nuclei familiari.
Non si tratta solo di far fronte all'emergenza attuale, ma
anche di intervenire alle sue radici, per creare condizioni
di integrazione sostenibili e rispettose di un autentico incontro tra culture.

Quello a cui stiamo assistendo è un esodo complesso, la
cui durata è da inquadrare senz'altro sul medio e lungo
termine. Tutti i soggetti in gioco sono chiamati a dare una
risposta tempestiva e coerente, e la comunità cristiana non
mancherà di fare la sua parte. Sebbene non sia diretta
competenza dei vescovi dare indicazioni alle autorità civi-
li preposte a fronteggiare in prima istanza questo fenomeno, faremo tutto il possibile per rivolgere appelli ai responsabili delle istituzioni comunitarie. Occorre senz'altro procedere con quella generosità che mai dev'essere
disgiunta da un'intelligente prudenza, la stessa che può
fare la differenza tra un assistenzialismo estemporaneo,
per giunta poco rispettoso della dignità di chi ha bisogno,
e un intervento efficace a lungo raggio. Riteniamo che ri-

sposte convincenti e incisive dovranno giungere in tal senso anche dall'Onu, e questo non solo in vista di un maggior coordinamento nella gestione del flusso migratorio, ma anche – a monte – in ordine a un arginamento della violenza già negli stessi Paesi di provenienza dei migranti. Il problema, come si è visto, è diffuso su larga scala e dev'essere senz'altro affrontato con un occhio all'intero panorama internazionale.

> *Nonostante la situazione del Medio Oriente, che desta grande preoccupazione, in Israele e in Palestina la sicurezza nei santuari e nei luoghi meta di pellegrinaggio è assolutamente garantita: lo ribadiscono i vescovi e le autorità locali. È pensabile lanciare un appello a tutte le comunità diocesane e parrocchiali, perché i fedeli tornino con piena fiducia a visitare in preghiera la terra di Cristo?*

Nel messaggio dello scorso settembre, l'Assemblea plenaria del Consiglio delle conferenze episcopali d'Europa ha inteso esprimere proprio questo incoraggiamento: è nostro vivo auspicio che i pellegrini tornino nella Terra Santa per rinnovare la propria fede e sostenere i cristiani di questi luoghi. Le rotte toccate dai pellegrinaggi sono al sicuro dalle minacce cui i notiziari danno oggi risalto. Pensiamo che il fatto stesso di ribadirlo sia, tra l'altro, un dovere di carità verso quelle comunità, che vivono sostanzialmente di accoglienza. Mostriamo loro che la fede, quella autentica, sconfigge ogni paura e produce ad ogni latitudine frutti di benevolenza e solidarietà.

Raniero Cantalamessa

Oggi il rifugio di fra **Raniero Cantalamessa**, che ha da poco compiuto 81 anni (essendo nato nel luglio del '34), è un piccolo eremo di Cittaducale, paesino tranquillo collocato sugli Appennini, tra Rieti e l'Aquila, nell'esatto centro della Penisola. Dopo molti anni di instancabile attività e di predicazione, da lì si allontana solo in occasioni speciali: ad esempio, quando lo chiama il Papa per assolvere il suo incarico di predicatore della Casa pontificia (come è capitato lo scorso Avvento, in occasione di tre meditazioni proposte al Pontefice e alla curia romana) e per alcuni convegni e incontri internazionali.

Padre Cantalamessa, marchigiano d'origine, è stato ordinato sacerdote nel 1958, si è laureato in Teologia a Friburgo (Svizzera), e in Lettere classiche all'Università Cattolica di Milano dove ha insegnato per alcuni anni Storia delle origini cristiane ed è stato direttore del Dipartimento di scienze religiose.

Una svolta, per la sua vita, avviene nel 1979 quando decide di lasciare l'insegnamento per dedicarsi a tempo pieno alla predicazione. Questa sua scelta viene confermata nell'80 da Papa Giovanni Paolo II, che lo chiama a diventare predicatore della Casa pontificia. Oltre alla lunga attività televisiva, padre Raniero ha scritto molti libri (dalla storia delle origini cristiane alla cristologia dei Padri, alla spiritualità) che hanno venduto decine di migliaia di copie.

L'intervista è stata pubblicata nel gennaio-febbraio 2016

L'amore rompe tutti gli schemi

Intervista di Carlo Giorgi

«Eravamo al Santo Sepolcro: io dovevo registrare per la Rai il commento del Vangelo di Pasqua. Avevo pensato di mettere in sottofondo Pavarotti che cantava *All'alba vincerò* dalla *Turandot*... era come se in quel momento Gesù cantasse: all'alba risorgerò! Lo ricorderò per sempre. I viaggi che ho fatto con la troupe televisiva in Terra Santa sono stati esperienze bellissime...».

Padre Raniero Cantalamessa, frate cappuccino, è uno dei volti più noti tra i religiosi impegnati nella pastorale televisiva. Dal 1994 al 2009 ogni sabato sera ha tenuto su Rai Uno la rubrica di spiegazione del vangelo della Domenica, *Le ragioni della speranza*. Annunciatore semplice e diretto della Parola, attento al dialogo ecumenico e interreligioso, da una vita (35 anni!) è il "predicatore" del Papa, essendo stato nominato nel 1980 predicatore della Casa Pontificia da Giovanni Paolo II; incarico confermato poi da Benedetto XVI e, ultimamente, da papa Francesco.

«Con la tivù sono andato due volte in Terra Santa – racconta fra Raniero –: la prima volta abbiamo girato servizi nei classici luoghi di pellegrinaggio: Betlemme, Nazaret, Gerusalemme...; la seconda, abbiamo seguito il cammino dell'Esodo, dal Monte Nebo all'ingresso in Terra Santa. Ma tra i tanti viaggi, quello che rimane indimenticabile è il primo: io ero un giovane sacerdote e il clima politico era molto più tranquillo; ricordo che ogni cosa aveva il sapore della scoperta. Di tutti i luoghi visitati quello che mi fece più impressione fu il lago di Tiberiade, su cui facemmo una gita in barca; a differenza delle città e delle strade che nei secoli cambiano, le sorgenti, i fiumi, i laghi non mutano… mentre solcavamo il lago ero sicuro di fare lo stesso cammino che faceva Gesù».

Lei è noto anche come uomo di dialogo. Ha amici ebrei o musulmani?

Ho soprattutto relazioni con il mondo ebraico. In particolare penso alla bella amicizia con il rabbino Alon Goshen Gottstein, nata inaspettatamente da un problema che ebbi qualche anno fa. Nel 2010, in occasione del Venerdì Santo, ero stato chiamato da papa Benedetto a predicare in San Pietro. Nel corso dell'omelia, in cui salutavo i nostri fratelli ebrei che celebravano la Pasqua negli stessi giorni, citai la bella lettera di un amico ebreo. Questo mio amico esprimeva la sua vicinanza alla Chiesa (in quel periodo il Papa stava subendo un attacco mediatico, a causa dell'emergere di scandali sessuali in diverse diocesi del mondo. Nella lettera l'amico ebreo scriveva: «*L'uso dello stereotipo, il passaggio dalla responsabilità e colpa personale a quella collettiva mi ricordano gli aspetti più vergognosi dell'antisemitismo*» – ndr). La lettura di questa lettera, in San Pietro, davanti al Papa, scatenò tutti i giornali del mondo che mi accusarono di aver dissacrato la *shoah*. Mentre la mia intenzione era tutt'altra. Bene, senza che io ne sapessi nulla, il rabbino Gottstein, che io non conoscevo, scrisse un articolo su un quotidiano israeliano, il *Jerusalem Post*, difendendomi e dimostrando di capire le mie vere intenzioni. In seguito siamo diventati amici. Gottstein ha fondato l'*Elijah Interfaith Institute*, un istituto per il dialogo interreligioso basato su un'intuizione interessante: il dialogo non è solo un fatto di diplomazia o di conoscenza dell'altro; ma è anche un modo per conoscere meglio sé stessi nel confronto con l'altro, consente cioè una maggiore comprensione della propria religione.

Ma oggi il dialogo è davvero possibile? Pensando ai fondamentalismi religiosi, ai cristiani uccisi o rapiti dall'Isis, come padre Paolo Dall'Oglio, viene qualche dubbio...

San Francesco andò a parlare con il sultano Al Maliq, disarmato, e ne uscì vivo. La sua vicenda l'ho conosciuta dalle fonti; mentre la vicenda di Dall'Oglio l'ho conosciuta direttamente: feci una trasmissione televisiva proprio nel suo monastero, a Mar Musa, vicino a Damasco. Ho visitato quella sua magnifica opera, un luogo di dialogo. Ho un ricordo di padre Paolo veramente struggente... Sì, la vicenda di Francesco col sultano è stata un'eccezione, ma non l'unica se pensiamo ad esempio al rapporto di Francesco col creato. L'eccezione non è qualcosa che va «contro» il cristianesimo ma che esprime in maniera più libera e rivoluzionaria alcuni elemen-

ti del Vangelo che sono come «dormienti». Niente nei
canoni della santità del Medio Evo preparava Francesco
all'amore universale per le creature. E niente lo preparava a un atteggiamento verso l'Islam come il suo. Lui
ha rotto gli schemi perché aveva lo Spirito di Gesù. Un
po' come l'attuale Papa: hanno la libertà dello Spirito
per cui sono capaci di rompere gli schemi, fare cose a
cui noi non pensiamo.

Ad esempio?

L'invito di papa Francesco ad accogliere una famiglia di
migranti in ogni parrocchia. Non è un invito ideologico
ma una cosa coerente con tutta la sua vita e il suo pensiero. Può sembrare un po' disorientante ma in fondo è alla
nostra portata anche se può apparire difficile. E poi, in
questi casi, bisogna andare al di là della prima impressione. Dopo averlo fatto, ci si accorge che era la cosa giusta
da fare. D'altra parte se la Chiesa non dà l'esempio in
questo ambito, le sue parole non sono credibili. Veramente. Grazie a Dio Papa Francesco sta guidando la Chiesa
nella direzione del Vangelo, la stessa direzione di Gesù.

*Purtroppo questo è un momento della storia in cui, so-
prattutto in Medio Oriente, sembrano moltiplicarsi i
muri, gli odi, le guerre anche di tipo religioso. Quale
può essere il ruolo dei cristiani?*

Non conosco esattamente la situazione in Terra Santa ma
vedo che è diffusa una certa paura. Calano i pellegrinag-

gi, molti si tirano indietro. È un peccato, speriamo che vengano tempi migliori. La situazione sembra talmente incattivita che forse deve avvenire qualche fatto storico traumatico, che trasformi tutto. Ma non è solo un problema di Israele, dove per i cristiani c'è protezione e libertà. In alcuni altri paesi del Medio Oriente i cristiani vivono come nella Roma dei primi secoli: appena c'è qualcosa, «ai leoni!». Senza dubbio negli ultimi cento anni ci sono stati più martiri che nei secoli precedenti. Sono i martiri di Cristo, quelli che danno la testimonianza più autentica perché è chiaro che morire in quella situazione, di fronte a quella violenza così estrema, con il nome di Gesù sulle labbra, è qualcosa che solo la grazia di Dio può dare. Qualche volta, quando ho occasione di parlare in ambienti ecumenici, dico: in quei Paesi non bruciano le chiese, non uccidono persone perché sono cattolici o pentecostali... ma semplicemente perché sono cristiani. Quindi, ai loro occhi, siamo già una cosa sola! E sarebbe proprio il caso di esserlo anche nella realtà, qui in Occidente.

Che messaggio si sente di dare a quei pellegrini che hanno deciso di non partire più per la Terra Santa?

Credo che chi non ci è stato mai dovrebbe, se può, fare quest'esperienza. Vedere coi propri occhi i luoghi di cui parla il Vangelo significa avere un occhio in più per leggere le scritture. Non è che sia importante in sé stesso perché, evidentemente, Gesù risorto è dappertutto. Però nel leggere il Vangelo avere visto quei luoghi aiuta a contestualizzare le parole, a metterle nell'ambiente concreto. Questo in fondo può servire perché noi non siamo fatti solo di cervello ma anche di occhi e di sensi.

Gli autori delle interviste

Manuela Borraccino (Roma, 1971) è laureata in Lettere moderne (con una tesi su Italo Calvino) ed è giornalista professionista dal 1999. Ha seguito il Vaticano e il Medio Oriente per l'agenzia ANSA (1997-2001), per la Adnkronos (2001-2004) e per il *service* televisivo internazionale ROMEreports (dal 2004). Ha realizzato alcuni reportage da Israele e dalla Striscia di Gaza per i settimanali britannici *The Tablet* e *The Universe*. Ha scritto e diretto i documentari in inglese e spagnolo *John Paul the Great* (2005) e *Aids, Condoms and the Catholic Church* girato in Kenya, Mozambico, Thailandia (2006). È tra i soci fondatori del *think tank* italiano O.Me.R.O. (Osservatorio Mediterraneo di Ricerca Operativa). Dal maggio 2006 collabora con la rivista *Terrasanta*. Nel 2012 per le ETS pubblica un libro sul Medio Oriente dopo le Primavere arabe, dal titolo: *2011. L'anno che ha sconvolto il Medio Oriente*. Nel 2015, sempre per le ETS in occasione del giubileo pubblica *Città Eterna, città Santa. Guida alla tracce di Terra Santa a Roma*.

Roberto Beretta (Lissone, 1960) è un giornalista e scrittore italiano. Laueato in Lettere, è giornalista nelle pagine culturali di *Avvenire*. Scrive inoltre sulla rivista cattolica *Il Timone* e in passato ha tenuto la rubrica "Galateo" sul mensile *Messaggero di Sant'Antonio* occupandosi prevalentemente di temi religiosi ed ecclesiastici. Il taglio dato da molti suoi articoli è da egli stesso definito "controcorrente" rispetto ai luoghi comuni che si hanno nei confronti della Chiesa e della storia.

Nel 2005 esce per l'editore Piemme il volume *Storia dei preti uccisi dai partigiani* che riprende ed amplia i contenuti di un'inchiesta-pubblicata a puntate sul quotidiano *Avvenire* nel 2004.

Ha pubblicato di recente *Il nuovo piccolo Ecclesialese illustrato* (Ancora 2013) e *Predestinati in Gesù Cristo. L'antropologia cattolica nel pensiero di G. Colombo* (Guardamagna 2011).

Giuseppe Caffulli (Abbiategrasso, 1962), giornalista professionista, è stato redattore di *Popoli*, la rivista missionaria dei gesuiti italiani, e, dal 1997 al 2005, caporedattore di *Mondo e Missione*, la storica rivista missionaria del Pontificio Istituto Missioni Estere. Dall'ottobre 2005 è direttore delle riviste edite in Italia dalla Custodia di Terra Santa (*Terrasanta* ed *Eco di Terrasanta*) e della testata on-line *Terrasanta.net*. Collaboratore di quotidiani e periodici, ha realizzato reportage in diversi continenti. Nel 2005 ha vinto il concorso letterario nazionale *Volontari per i diritti* e nel 2007 ha ricevuto il *Premio giornalistico Giuliano Ragno*.

Carlo Giorgi (Milano, 1968) è redattore della rivista *Terrasanta*. È stato tra i fondatori – e per alcuni anni direttore – della rivista *Terre di mezzo*, giornale di strada che tratta di temi sociali. Oggi si occupa di Medio Oriente e immigrazione. Su queste tematiche è autore di: *Avvocati per niente* (2011), *Meraviglie della Terra Santa* (2011), *Messaggero di riconciliazione. Lo storico viaggio di Benedetto XVI in Terra Santa* (2009), *Vado in Senegal* (2008). Il libo di cui è più orgoglioso è quello scritto con Davide Franzi: *Mi manca Topolino* (1999), storia di un cooperante internazionale in Uganda.

Cristina Uguccioni (Milano, 1964), laureata in Filosofia presso l'Università Cattolica, è giornalista professionista. Sino ad oggi ha collaborato con oltre una ventina di testate fra le quali *Corriere della Sera, Il Foglio, Terrasanta, Jesus*. Ha scritto alcuni libri, tra cui: *Lasciarsi amare da Dio* (2006) e *Lasciarsi guardare da Dio* (2008). Ha curato i volumi: *Il dono dell'amore* del cardinale Carlo Maria Martini (2010) e *La forma di Dio* (2014). Per le ETS ha curato *Ma non vincerà la notte. Lettere ai cristiani perseguitati* (2015), i cui proventi sono stati devoluti ai francescani di Terra Santa per le opere in favore dei cristiani in Siria.

Indice

Della stessa collana: